*¿DÓNDE HA ESTADO EL
CUERPO DURANTE 2000 AÑOS?*

¿DÓNDE HA ESTADO EL CUERPO DURANTE 2000 AÑOS?

*Historia de la iglesia
para principiantes*

David Pawson

Anchor

Copyright © 2023 David Pawson Ministry CIO

Originalmente publicado en inglés con el título:
Where has the body been for 2000 years?
Church history for beginners

El derecho de David Pawson a ser identificado
como el autor de esta obra ha
sido afirmado por él de acuerdo con la
Ley de Copyright, Diseños y Patentes de 1988.

Traducido por Alejandro Field

Esta traducción internacional en español se publica
por primera vez en Gran Bretaña en 2023 por
Anchor, que es el nombre comercial de David Pawson Publishing Ltd
Synegis House, 21 Crockhamwell Road,
Woodley, Reading RG5 3LE

Ninguna parte de esta publicación podrá ser reproducida o
transmitida de ninguna forma o por ningún medio, electrónico
o mecánico, incluyendo fotocopia, grabación o ningún sistema
de almacenamiento o recuperación de información,
sin el permiso previo por escrito del editor.

**Si desea más de las enseñanzas de David Pawson,
incluyendo DVD y CD, vaya a
www.davidpawson.com**

**PARA DESCARGAS GRATUITAS
www.davidpawson.org**

Si desea más información, envíe un e-mail a
info@davidpawsonministry.org

ISBN 978-1-913472-66-5

Impreso por Ingram

ÍNDICE

Prefacio	7
1 ¿Cómo captó al mundo la iglesia primitiva?	11
2 ¿Cómo se introdujo el mundo en la iglesia primitiva?	39
3 Los años oscuros (400 – 1000)	47
4 La Edad Media (1000 – 1500)	57
5 La Reforma	71
6 Reformadores, católicos romanos y radicales	91
7 El Siglo XVII	115
8 El Siglo XVIII	133
9 El Siglo XIX (1800 – 1850)	157
10 El Siglo XIX (1850 – 1900)	177
11 Algunos acontecimientos del Siglo XX	197
12 La iglesia en el futuro	217

PREFACIO

Este libro comenzó como una serie de charlas informales durante la semana cuando era pastor de dos iglesias bautistas en Inglaterra, una en Chalfont St Peter, Buckinghamshire, y la otra en Guildford, Surrey. Esto explica algunas características.

Primero, el estilo conversacional se debe a la transcripción de las grabaciones.

Segundo, la referencia a sucesos geográficos e históricos locales.

Tercer, no he cubierto los últimos cincuenta años, que nos son familiares.

Me había dado cuenta de que muchos miembros de la iglesia saben poco o nada de la historia del cristianismo entre el periodo del Nuevo Testamento y hoy. Por lo tanto, no se daban cuenta de lo mucho en que han sido influenciados por las tradiciones que se desarrollaron durante ese tiempo, que pueden ser tanto negativas como positivas.

Negativas, porque "quienes olvidan la historia están condenados a revivirla". La mayoría de los errores que cometemos y en los que caemos han ocurrido antes, y podemos aprender de nuestros antepasados para evitarlos. Positivas, porque tenemos una herencia tan rica que sería insensato ignorarla. Podemos extraer inspiración y ejemplos de los gigantes espirituales que nos precedieron y, además, esperamos encontrarnos con ellos personalmente en gloria.

Una parte muy apreciada de nuestro tiempo compartido era concluir cada "conferencia" cantando himnos escritos en el período que habíamos analizado, lo que nos puso en contacto directo con el amor que tenían estos hombres y mujeres por nuestro Señor. Las personas cuya adoración se compone principalmente de canciones contemporáneas se pierden el tesoro enterrado en los himnarios más antiguos.

No pretendo que esta sea una historia completa o incluso adecuada de la iglesia. Considérelo como una colección de esbozos impresionistas. Mi interés en todo momento estuvo en lo que podemos aprender del pasado para nuestra propia tarea en el presente.

J. David Pawson

1
¿CÓMO CAPTÓ AL MUNDO LA IGLESIA PRIMITIVA?
30 – 400 d.C.

Por toda la tierra se difundió su voz, ¡sus palabras llegan hasta los confines del mundo!
Romanos 10:18

Es una historia de lo más sorprendente. Desde el año 30 d.C. hasta el año 400 d.C., comenzando con un puñado de pescadores, el cristianismo se extendió por todo el mundo entonces conocido, hasta sustituir a muchas otras religiones. Lo hicieron sin un ejército (aunque lucharon bien), sin dinero, sin gente influyente, y lo hicieron con todo el poder y la fuerza del Imperio Romano en contra. Quiero intentar analizar para usted cómo lograron esta victoria.

En Hechos de los Apóstoles, tenemos los primeros treinta años de la historia de la iglesia, entre 30 y 60 d.C., aproximadamente. Pero es una historia inconclusa. Hechos ha sido descrito en estos términos: cómo llevaron la buena noticia desde Jerusalén a Roma, desde la capital del mundo sagrado a la capital del mundo secular. Pero siguió extendiéndose en ondas.

Podemos resumir la situación en el momento en que la historia de la iglesia del Nuevo Testamento termina. Los nuevos creyentes se vieron muy favorecidos por estas cosas:

- Los caminos romanos directos brindaron acceso por todo el mundo mediterráneo.
- Se hablaba una lengua común: el griego.
- Había paz, la famosa *pax Romana*.
- Podían viajar de un país a otro sin documentos de viaje.
- En la mayoría de las grandes ciudades, y aun en algunas más pequeñas, había grupos de judíos que ya conocían las escrituras del Antiguo Testamento y estaban dispuestos a escuchar.
- Todo el imperio estaba moral y espiritualmente enfermo.

No obstante, ¡fue un triunfo asombroso! Entre las personas que extendieron la iglesia había misioneros oficiales (*apóstoles*, como los llama el Nuevo Testamento), pero eran principalmente hombres y mujeres comunes y corrientes. Los viajeros comerciales del mundo antiguo fueron los primeros en establecer iglesias. Al parecer, nadie sabe quién estableció la iglesia de Roma. Pablo no lo hizo y, a pesar de lo que algunos dicen, Pedro tampoco. Un grupo de viajeros habituales que tuvieron que ir a Roma habrían comenzado la iglesia allí.

La iglesia no estaba formada por personas influyentes (vea 1 Corintios 1:26-31), e incluía a esclavos, de los que había sesenta millones en el Imperio Romano. ¿Cómo ganaron aquellos primeros creyentes el Imperio Romano, sin edificios, sedes denominacionales, recursos financieros o comités? Su organización era sumamente sencilla. Solo tenían grupos locales de cristianos a los que llamaban *iglesias*, y cada iglesia tenía ancianos para dirigirlos espiritualmente y diáconos para servirlos prácticamente. Entre las iglesias se movían los apóstoles, que plantaban nuevas iglesias y actuaban como pioneros, los evangelistas, que venían a predicar el evangelio y convertir a la gente, y los profetas, que venían a hablar la palabra de Dios a la gente. Esa es la única organización que podemos encontrar en el Nuevo Testamento.

Su culto era muy sencillo. Bautizaban a los creyentes por inmersión en agua. Tomaban pan y vino en la Cena del Señor y su culto era una mezcla de oraciones fijas y libres. Esto surge claramente en el Nuevo Testamento. Las personas en la congregación oraban. También decían juntas oraciones que tenían una forma fija. Les gustaba cantar, aunque no tenían instrumentos musicales ni coros. Cantaban salmos del Antiguo Testamento, himnos de los cristianos y cantos espirituales (que es una forma especial de cantar en el Espíritu que solo conocen los cristianos). ¡Esta era su vida!

Se extendieron de un lugar a otro. Retomaremos la historia al final de Hechos, en el año 60 d.C. Quiero describir cómo desde esa posición, con un minúsculo grupo de cristianos en cada ciudad importante alrededor de las costas orientales del Mediterráneo, se extendieron desde ser un movimiento minoritario hasta el punto de poder decir que los templos paganos estaban desiertos, ¡y donde el Imperio Romano y hasta el emperador mismo estaba en la iglesia el domingo, adorando a Jesucristo!

¿Cómo lo hicieron? Lo hicieron dándose cuenta de que había tres grandes batallas que los cristianos tenían que librar. En los primeros cuatro siglos libraron estas batallas, obteniendo en cada una de ellas la victoria: una batalla espiritual que comenzó con los judíos, una batalla mental que comenzó con los griegos y una batalla física que comenzó con los romanos. Hoy, *nosotros* estamos inmersos en estas tres batallas. Podemos aprender de la historia cómo combatirlas, y lo que cuesta ser un soldado del Señor Jesucristo.

UNA BATALLA ESPIRITUAL CON OTRAS RELIGIONES

Existe una idea popular dando vueltas hoy, y existía entonces, de que el cristianismo debe ser mezclado con otras religiones. Que todas las religiones son básicamente iguales, que todos nos dirigimos hacia el mismo Dios, que todos acabaremos en el mismo lugar y que el cristianismo es solo una religión entre otras, y puede ser comparado y contrastado con todas las demás.

Una vez recogí a un joven estudiante que hacía autostop. Le pregunté: "¿Para qué te estás capacitando?".

"Para ser un profesor".

"¿Qué vas a enseñar?".

"Conocimiento Religioso".

"¿Así que crees en Dios?".

"No".

"Entonces, ¿por qué enseñar Conocimiento Religioso?".

"Voy a enseñar a los niños en la escuela a la que voy todas las religiones del mundo, y voy a mostrarles que, básicamente, todas son iguales".

Esta fue la batalla espiritual que tuvieron que librar en los primeros cuatro siglos. Tuvieron que luchar para que se entendiera que el cristianismo es único y que no se puede poner entre las demás religiones. No se puede mezclar con ninguna otra. Habría sido fatal si lo hubieran hecho. Si los cristianos hubieran cedido en este punto en los primeros cuatro siglos, no estaríamos en la iglesia los domingos, y difícilmente alguna vez hubiéramos oído hablar de Jesucristo. Esta fue la batalla espiritual, y comenzó con los judíos.

Ya tenemos un indicio de esto en el Nuevo Testamento. Los judíos decían a los cristianos: "Ustedes deben mezclar su religión con la nuestra". El primer hombre que dio su vida por Jesucristo fue alguien que dijo: "Nunca mezclaremos el cristianismo con el judaísmo. El judaísmo es obsoleto".

El hombre se llamaba Esteban y, como argumentó con gran habilidad, amor y firmeza que el cristianismo no se mezclaría con la religión de los judíos, se enojaron tanto que lo llevaron fuera del muro de la ciudad y lo apedrearon hasta que murió. Esteban fue el primer mártir. Murió por esto: el cristianismo no se mezclará con ninguna otra religión. Es único. Es único porque es exclusivo. Es exclusivo porque Jesús es el único Hijo de Dios y porque Jesús lo hizo exclusivo y dijo: "Solo hay *una* manera de llegar al Padre, ¡y es por mí!". Por lo tanto, en ningún otro nombre bajo el cielo hay salvación, sino en el nombre de Jesús.

Es interesante que Jesús mismo sabía que la religión cristiana no podía mezclarse con la judía. Dijo que es como poner vino nuevo en botellas viejas. Es como tomar un pedazo de tela nueva que nunca ha sido encogida y coserla en un agujero o parche. Tarde o temprano veremos que se desprenderá. No se pueden mezclar las dos cosas. Esa batalla fue librada con mucha fuerza. Pablo la libró. Pedro fue lanzado a la batalla contra su deseo. Dios tuvo que enseñarle una lección. Y otros la libraron, como vemos en la carta a los Hebreos.

Finalmente, en 70 d.C., el templo de Jerusalén cayó. Fue destrozado por soldados romanos. Pensaríamos que sería el fin del judaísmo, pero no fue así. Aún más tarde, encontramos sectas tan extrañas como los nazarenos y los ebionitas, que intentaron poner a los cristianos bajo la ley judía. Lo hicieron durante trescientos años. Los que lo están haciendo hoy son los Adventistas del Séptimo Día, muchos de los cuales son buenos cristianos, pero están intentando llevarnos de vuelta bajo la ley del séptimo día. Es una batalla que aún tenemos que librar. Es algo muy actual. Por fin, se estableció que uno podía ser cristiano sin convertirse en judío. ¡Y la batalla fue ganada! El cristianismo era único.

Después de ganar ese lado de la batalla, fueron

directamente a otro lado. ¿Qué pasa con todas las demás religiones? Si quiere estudiar religiones, estudie el Imperio Romano. Tenían la que se le ocurriera. Uno podía ir de compras en el supermercado de religiones en Roma y comprar el ídolo que quisiera. Podía elegir su religión, así nomás.

Recuerdo haber ido al Panteón, uno de los edificios más increíbles en los que he estado. Su nombre significa *la casa de todos los dioses*. Allí está, en Roma, construido en el año 27 a.C., aún en pie después de dos mil años. Está construido como el Royal Albert Hall de Londres, aunque un poco más pequeño, con un agujero en el centro del techo y un gran techo de cúpula. A diferencia del R.A.H., no tiene nada dentro, pero alrededor del borde tiene nichos en los que estaban todos los dioses del Imperio Romano. Tan pronto aparecía una nueva religión en el imperio, su dios era colocado en un nicho. Esta era su política, una política que llamamos *sincretismo*, que significa *mezclar su religión*. Como el Imperio Romano seguía creciendo, trayendo nuevas personas con nuevas culturas y nuevas religiones, todo lo que hacían era añadir dioses al Panteón.

Ofrecieron a los cristianos un nicho para poner una estatua de Jesucristo. Les contestaron: "¡Nunca!". Jesús nunca entró en ese Panteón. Pero cuando entré en el edificio, todos los nichos estaban vacíos, aparte de una estatua de Jesús en uno de ellos. Había sido tomado por la iglesia, y ahora es un lugar de culto. Es interesante. Jesucristo no sería considerado como lo es hoy (en el pensamiento del mundo) si hubiera sido puesto en uno de esos nichos con los demás.

Esta fue la batalla que tuvieron que librar. Dijeron: "No mezclaremos nuestra religión con las demás". Esto causó verdaderos problemas, porque los romanos registraban todas las religiones. Cuando uno estaba registrado, pasaba a ser una *Religio licita*. Ya no era una fe ilícita, sino una fe "lícita", una fe legal, y era añadida a la lista. Pero los cristianos se negaron a convertirse en una *Religio licita*. Usted podría decir: "Fue insensato. Significaba exponerse". Pero ellos dijeron: "No vamos a tener al cristianismo en esa lista de religiones. No somos una religión. Somos seguidores de Jesucristo". Poco a poco, las otras religiones se fueron estableciendo en Roma, y finalmente pusieron una estatua del César en un nicho. Llegó el día en que el César fue considerado como un dios. El Imperio Romano dijo: nuestra religión es la adoración del César. A partir de ahora orarán al César, a partir de ahora quemarán incienso al César, a partir de ahora dirán: "César es señor". En ese momento, comenzó la batalla física para los cristianos. Más adelante hablaremos de ello.

Pero lo interesante es que la acusación de ateísmo era de dos vías. Los romanos acusaban a los cristianos de ser ateos, y los cristianos acusaban a los romanos de ser ateos. ¿En qué se basaban para decir esto? Los romanos decían: "Ustedes los cristianos son ateos porque no creen en los dioses de Roma". Y era así. Y los cristianos decían a los romanos: "Los ídolos no son nada. Los dioses no existen. Ustedes son ateos". La palabra *ateo* aparece una vez en el Biblia, en Efesios capítulo 2, donde Pablo dijo: "Ustedes eran gentiles, eran paganos, estaban sin Dios y sin esperanza en el mundo". La palabra traducida *sin Dios* es *atheas*. Un ateo no es alguien que no *cree* en Dios, sino alguien que está *sin* Dios. Un ateo puede ir a un templo, puede inclinarse ante un ídolo, pero está sin Dios. Ese es el verdadero significado de la palabra *ateo*. Hay millones de ateos. No son irreligiosos. Hacen sus oraciones. Si se les presiona, dirán que creen en algo, en algún lugar o en alguien ahí arriba. Pero son ateos. No conocen a Dios; no tienen su gracia y su poder y su salvación en sus vidas.

Los romanos decían a los cristianos: "Ustedes son ateos; no creen en los dioses", y los cristianos decían: "Ustedes son ateos; con todos sus dioses, no tienen a Dios". Por eso, Pablo dijo en Atenas: "He visto todos sus altares, pero noté uno al final: 'Al dios que no conocemos'. Pues bien, he venido a hablarles de ese Dios, el que ustedes no conocen" (vea Hechos 17:23).

Esa fue la batalla espiritual, y aún la estamos librando hoy. En una iglesia supuestamente cristiana —la más importante de Cambridge— se celebró un servicio para el Congreso Mundial de Credos. A ese congreso acudieron budistas, hindúes, bahá'is, judíos, cristianos, de todo. Se reunieron para adorar juntos. Estaban allí para adorar juntos, haciendo de cuenta que todas las religiones son una sola. Se reunieron bajo un hombre que había sido ordenado para predicar el evangelio cristiano. Esa es la batalla que tenemos que librar. Si está sucediendo esto, créame, esta va a ser *la* batalla del futuro. Porque hay un movimiento creciente hacia lo que la Biblia siempre predijo que sucedería en la historia, hacia *una religión mundial*. En ese punto los cristianos dicen "no". Nuestra religión es única. No puede mezclarse con ninguna otra. Una de las condiciones para participar en ese culto era que no se mencionara a Cristo, lo cual delata sus intenciones. Esta es una batalla que tendremos que librar cada vez más ferozmente. Nos negamos a poner a Jesucristo al lado de Buda, o de Mahoma, o de cualquier otro. Él es el *único* Hijo de Dios. Y nos negamos a poner al cristianismo en un recipiente con todas las demás religiones, mezclarlo y llamarlo *fe*. Nos *negamos* a hacerlo.

Pero la Biblia también predice que, para quienes se niegan a hacerlo, llegará un tiempo en el que no se les permitirá ni siquiera comprar comida, hasta que acepten esta única religión mundial. La persecución vendrá de esta manera. Es una batalla que tal vez tengamos que librar durante nuestra vida. Ya está en nuestras costas y en nuestras iglesias, una batalla que en los primeros cuatrocientos años lucharon y ganaron. Hoy no tendríamos el cristianismo si ellos no la hubieran librado. ¿Ve por qué escribo sobre el pasado? Porque no es solo el pasado; es el presente también.

UNA BATALLA MENTAL QUE COMENZÓ CON LOS GRIEGOS

La siguiente batalla no fue con la religión sino con la filosofía, y fue una batalla no con los judíos sino con los griegos. Los griegos eran los brillantes pensadores, los intelectuales, los sabios. Eran los eruditos, los estudiantes, los filósofos. Tarde o temprano, el cristianismo iba a entrar en contacto con los intelectuales. El mayor peligro entonces iba a ser que los intelectuales lograran alterar el cristianismo, produciendo lo que ellos decían que sería una forma superior del mismo, transigiendo y cambiando la verdad para adaptarla al intelecto. Esta sigue siendo una de las principales batallas que tenemos que librar. El cristianismo no puede ser alterado para adaptarse al intelecto. Hay muchas preguntas que tengo con mi intelecto que todavía no he contestado. Pero, gracias a Dios, llegué al punto de estar preparado para *creer* antes de tener mi intelecto completamente satisfecho.

Veamos lo que ocurrió. Esta fue una batalla mucho más difícil, porque era dentro de la iglesia, no fuera de ella. Era una batalla que debía librarse con palabras y con la pluma. Algunos de los mejores escritos que tenemos de la historia de la iglesia primitiva provienen de esta batalla.

Un hombre llamado Ireneo escribió cinco libros bajo el título *Contra las herejías*. Podemos dar gracias a Dios que lo hizo. Fue uno de los grandes soldados de esta batalla. Otro hombre llamado Orígenes escribió 6.000 libros, cartas y panfletos en esta batalla. Piense en el trabajo de ese hombre. Tengo un librito que contiene la mayoría de esos escritos, las palabras que fueron *armas* en esta batalla. Veremos algunas de las cosas contra las que tuvieron que luchar.

Había un hombre llamado Marción. Podríamos pensar que el que hablaba era algún joven de hoy en la clase superior de una escuela. Marción dijo: "No me gusta un Dios de ira, no puedo entender al Dios del Antiguo Testamento. Estoy bastante seguro de que el Dios del Antiguo Testamento es un Dios diferente del Dios del Nuevo Testamento y de Jesús". Me lo han dicho jóvenes de hoy. Continuó diciendo: "Eliminemos el Antiguo Testamento de la Biblia. Seremos personas del Nuevo Testamento". Así que lo eliminó. Luego descubrió, para su consternación, que tenía que empezar a recortar parte del Nuevo Testamento. No le gustaba para nada el libro de Apocalipsis. Era demasiado parecido al Antiguo Testamento. Así que lo eliminó. Con las tijeras en la mano comenzó a mirar a Pablo, y dijo: "¿Saben? Pablo dijo algunas cosas bastante desagradables". Afuera. Entonces descubrió que aun en los Evangelios había pasajes que no le gustaban del todo. Jesús dijo algunas cosas que no debería haber dicho. Fue el primero en descubrir que cuando uno aplica la tijera a la Biblia no puede parar.

Esta fue una de las primeras batallas. Y terminó con dos dioses: el Dios del Antiguo Testamento y el Dios del Nuevo. Esa es una herejía que todavía tenemos que combatir. Así que la combatieron, y la razón por la que podemos leer tanto del Antiguo como del Nuevo Testamento y leer toda la Palabra de Dios hoy es porque Marción perdió esa batalla, porque los cristianos dijeron: "Nos quedaremos con toda la Palabra. Por difícil que sea entender cosas en el Antiguo Testamento, o incluso en el Nuevo, por difícil que sea para mi intelecto, no vamos a empezar a cortar este Libro hasta que lo entendamos". La batalla fue ganada, y hoy tenemos toda la Biblia.

Otra dificultad mucho mayor fue con el *gnosticismo*. Un gnóstico es lo opuesto a un agnóstico. Un agnóstico es alguien que no sabe. Un gnóstico es alguien que sabe. Había muchos griegos que decían: "Soy un gnóstico. ¡Yo sé!". Había muchos intelectuales sabelotodos que criticaban al cristianismo. ¿Cuál era la falla básica de este pensamiento? Era una mezcla de ideas. Venía en parte de Egipto, en parte de Persia, y algo parece haber venido de la India. La filosofía básica era que las cosas espirituales son buenas y las materiales, malas. Muchos piensan de esta manera. Incluso personas llamadas cristianas pueden pensar de esta manera y caer en este tipo de trampa. Ahora vea a dónde los llevó esto. Dijeron: "Si la materia es mala, Dios no pudo haberla creado". Eso los llevó a negar una verdad fundamental. Entonces dijeron: "Si la materia es mala, Jesús nunca podría haber tomado un cuerpo de carne". Así que empezaron a enseñar que Jesús solo aparentaba ser un cuerpo, que en realidad era un fantasma todo el tiempo, que no era real y nunca tenía hambre ni estaba cansado. Entonces fueron más lejos y dijeron: "Jesús no pudo haber muerto, porque la materia es mala y Jesús no pudo haber sido materia. Solo los seres materiales mueren". Luego fueron más lejos y dijeron: "La idea de una resurrección del cuerpo es ridícula".

Continuaron así. Habiendo empezado con esta idea básica errónea de que la materia es mala y el espíritu es bueno, todo lo demás tomó una dirección errónea, como ocurre en la Ciencia Cristiana, una de las formas modernas de este tipo de pensamiento. Seguimos luchando la misma vieja batalla.

Las mentes más grandes de la iglesia se pusieron a tratar este problema. Si quiere saber por qué Juan escribió su Evangelio y por qué Juan escribió su primera carta, la respuesta es que estaba luchando contra esta idea en la iglesia. Estaba diciendo: "Escuchen. El Verbo era Dios, y el Verbo se hizo carne. ¿Lo entienden?". Y dijo: "Lo que hemos tocado y visto, les anunciamos: ¡Jesús!". Él ya estaba luchando contra esto, y les llevó unos 150 años hacerlo. Los gnósticos decían que Jesús, el Hijo de Dios, nunca fue verdaderamente hombre. Pero si uno niega que fue verdaderamente hombre, niega la fe. Ha eliminado el corazón mismo de nuestra fe, que Jesús fue capaz de ayudarnos porque asumió la carne como nosotros y sabe cuáles son nuestras tentaciones, porque tuvo un cuerpo como el mío. Realmente se hizo hombre. Esto era una negación de eso.

Mencionaremos brevemente los nombres de algunas de las mentes más grandes. Tertuliano, en una ciudad llamada Cartago, en el norte de África, escribió contra el gnosticismo, al igual que Clemente y Orígenes (que vivían en Alejandría) y Cipriano. Como tenemos la mayoría de sus escritos hoy, podemos leer cómo lucharon con su pluma y con sus voces contra lo que sabían que podía destruir la fe cristiana.

Otra batalla fue no solo con lo que la gente decía de Cristo, sino con lo que decía de los cristianos. Fueron calumniados. Algunos decían: "Son caníbales. Hemos oído que comen cuerpos y beben sangre". Algunos decían: "Es espantoso; las orgías sexuales que se hacen en esa iglesia. Las llaman 'fiestas de amor'". Incluso decían que los cristianos tomaban una cabeza de asno, la clavaban en un poste y la adoraban. Algunos de los escritos que tenemos son de personas que defendieron a los cristianos de esas calumnias. Estaban luchando una batalla mental. Hay tres cosas que hicieron al luchar esta batalla que nos hacen estar agradecidos por ellos.

La primera fue esta. ¿Cómo iban a decir definitivamente cuál era la verdadera fe cuando tantos predicadores cristianos estaban declarando este nuevo tipo de pensamiento, este tipo de evangelio "filosófico"? La respuesta fue que decidieron reunir todos los libros que se remontaban a los apóstoles y llamarlos Escritura. Hacia el año 200 d.C., habían reunido todos los libros que se retrotraían directamente a los apóstoles que obtuvieron la verdad de primera mano de Jesús. Así se ensambló el Nuevo Testamento. El canon de las escrituras fue el resultado de esta batalla. (Muchas otras personas estaban escribiendo falsos evangelios sobre Jesús, falsas epístolas de Pablo y falsos libros, afirmando que eran la verdad. Pablo mismo, en su carta a los Tesalonicenses, dijo: "No tomen en cuenta ninguna carta que pretenda venir de mí. Toda carta que provenga de mí estará firmada por mi mano").

Lo segundo que hicieron fue declarar la fe en lo que se llamaron *credos* (de la palabra *credo*, creo). Solían hacer listas de lo que creían, en oposición a estos gnósticos. Este es el comienzo de uno: "Creo en Dios Padre, Todopoderoso, Creador del cielo y de la tierra". Los gnósticos decían: "La materia es mala, así que Dios no hizo la materia". Los cristianos decían: "Creo en Dios Padre, Todopoderoso, Creador del cielo y de la tierra, y en Jesucristo, su único Hijo, que fue concebido por el Espíritu Santo, nacido de la Virgen María". No era ningún fantasma. Fue concebido. Nació. Y luego dijeron: "Sufrió bajo Poncio Pilato, fue crucificado, muerto y sepultado". ¡Él murió! ¡Tenía un cuerpo real en esa cruz! Y así hasta el final. "Creo en la resurrección del cuerpo, y en la vida eterna". Estaban luchando esta batalla, y dijeron: "Esto es lo que creemos". Nosotros todavía podemos recitar los credos y decir: "¡Esto es lo que creemos también!".

La tercera cosa que hicieron fue reunirse en concilios, no

para organizar la iglesia, sino para compartir entre ellos la batalla, cerrar sus filas y luchar por la fe. Hoy los cristianos siguen haciendo esto.

Esta batalla se está librando *hoy*. Una filosofía que debemos combatir hoy no se llama gnosticismo, sino *existencialismo*. Incluso si usted nunca ha escuchado esa palabra, lo encuentra casi todos los días. Lo encontrará en la literatura de Jean-Paul Sartre. Lo encontrará en la música de Debussy. Lo encontrará en el arte de Picasso. Lo encontrará en la cultura de nuestros días. Lo encontrará en la cultura del consumo de drogas. Lo encontrará en la afirmación de Marshall McLuhan, a menudo citada, de que el medio es el mensaje. En teología, lo puede encontrar en los escritos de Bultmann, Tillich y muchos otros. Puede que sus nombres no le digan nada, pero los nombres de dos hombres que popularizaron ese tipo de pensamiento en el siglo XX pueden ser más familiares para algunos: John Robinson, que fue obispo de Woolwich, y Howard Williams, en algún momento presidente de la Unión Bautista. Ellos se encuentran entre los que (y ha habido muchos otros desde entonces) han redefinido el cristianismo en términos de una filosofía pagana que es básicamente atea y presenta a Dios como impersonal e incluso inexistente.

¿Ha oído la frase "Dios ha muerto"? Ese es el resultado de los teólogos cristianos que siguen esta filosofía. La batalla mental sigue necesitando los mejores cerebros que podamos producir. Debe ser luchada con palabras y plumas, y debemos tener el valor de decir que esto *no* es la fe cristiana.

Debemos negarnos a tener a alguien predicando en nuestras iglesias que haga tales declaraciones "existencialistas". Es una batalla. Puede que no tengamos que librar las batallas físicas que tantos otros han tenido que librar, y quizá usted haya pensado: "¿Por qué es tan fácil aquí?". Pero *no* es fácil aquí; hay otro tipo de batalla y es, desde un punto de vista, mucho más sutil y, por tanto, más difícil. La batalla física es clara. Sabemos dónde está. Sabemos que vamos a sufrir. Sabemos de qué lado estamos. Ellos niegan lo que nosotros defendemos. Nosotros lo afirmamos. Esa es la batalla franca, por difícil que sea. Pero la batalla que necesitamos librar es esta batalla mental. La iglesia primitiva la libró y ganó. Es interesante que uno de los temas por los que lucharon resurgió con los Testigos de Jehová. Tiene unos 1.700 años de antigüedad, aunque ellos no se dan cuenta. Estamos luchando contra ello.

Venir en el nombre de Cristo, ese es el problema. Si un hombre viene en nombre del diablo, sabemos dónde estamos. Pero cuando viene en nombre de Jesucristo y dice: "Esta es la nueva teología, la nueva moral, el nuevo evangelio, el nuevo cristianismo", tenemos que decir: "No hay un *nuevo* cristianismo; solo existe el *antiguo*", y debemos luchar por la fe que una vez fue entregada a los santos. En los primeros cuatrocientos años lucharon esta batalla dentro de la iglesia y ganaron. Por eso tenemos la iglesia hoy.

UNA BATALLA FÍSICA QUE COMENZÓ CON LOS ROMANOS

La iglesia nunca utilizó la fuerza física para establecer el evangelio en los primeros cuatro siglos (la Inquisición vendría después). Usaron el amor para ganar personas para el Señor, pero la fuerza física fue usada contra ellos una y otra vez.

¿Por qué sufrieron tanto los cristianos? La gente ha dicho que fue por esos rumores y calumnias (sobre el "canibalismo" y las "orgías"). Se ha dicho que fue porque no quisieron participar en las costumbres sociales de la idolatría y los juegos y circos de Roma. La gente ha dicho que fue porque eran muy intolerantes con otras religiones. La gente ha dicho que es porque eran una sociedad secreta y eran una amenaza para la seguridad interna del imperio. Quiero decir que no fue por ninguna de esas cosas.

La razón por la que tantos creyentes han sufrido tanto está ahí, en las palabras de Jesús: "Me odiaron sin motivo". La única explicación posible para los sufrimientos de los cristianos es que no hay ninguna. La gente, en el fondo de su corazón, odia tanto a Dios que odia a su pueblo sin motivo. Hay una aversión irracional hacia los cristianos en el mundo. Hay algo inexplicable en este anticristianismo. La otra cara del antisemitismo es la actitud de los judíos hacia los cristianos. Fueron los judíos los primeros en causar los sufrimientos de los cristianos, una y otra vez. No hay ninguna razón para ello. Pero déjeme hablarle al respecto. No quiero jugar con sus emociones, pero quiero contarle acerca de algunos de los mártires, algunos de los sufridores.

Comenzó en los días de Nerón, en el año 64. Hace unos años, estuve en las ruinas de los jardines del palacio de Nerón. Son jardines hermosos, con flores, pero sabía que el suelo estaba empapado de sangre. El loco emperador Nerón, en su ambición por reconstruir Roma como metrópoli, mandó incendiar la ciudad —así lo supone la historia—, y 14 de los 17 distritos fueron arrasados y cientos de personas murieron calcinadas. Se dice que Nerón tocaba el violín mientras Roma ardía. Pero cuando empezaron a culparlo por ello, buscó un chivo expiatorio y dijo: "Los cristianos lo hicieron. Los arrestaremos y castigaremos". Y los castigó. Arrestó a todos los cristianos al alcance de Roma. Arrancó las pieles de bestias salvajes, los vistió con esas pieles y les echó sus perros. Los decapitó. Los crucificó. Finalmente, para saciar su malicia, los cubrió con brea, los metió en barriles mientras estaban vivos, y luego los encendió para que fueran antorchas para su jardín, mientras conducía alocadamente su carroza. Ese fue Nerón.

Eso desencadenó los sufrimientos de los cristianos. Desde entonces hasta el año 300 d.C. sufrieron diez períodos de la más espantosa persecución que la iglesia haya conocido. Tengo un pequeño libro conocido como el *Libro de los mártires* de Foxe, que recogí de algún puesto ambulante. Solía ser una lectura dominical obligatoria para los cristianos. Debería leerlo alguna vez. Muestra que hasta la fecha en que fue escrito no había habido un período de diez años sin cristianos que sufrieran martirio, y todavía no lo ha habido. Lea los primeros capítulos sobre las primeras persecuciones de la iglesia.

La siguiente gran persecución tuvo lugar alrededor del año 100 d.C. Uno de los hombres que sufrió en esa persecución se llamaba Juan, el último de los doce apóstoles. Fue enviado a las minas de sal. Luego fue enviado a la pequeña isla de Patmos, en el Mar Egeo, y fue encadenado a la pared de su prisión. De esa celda salió el libro de Apocalipsis. Se puede encerrar a la gente pero, como dijo Pablo desde la cárcel: "Puedo estar encadenado, pero la palabra de Dios no está encadenada".

En el año 110, un nuevo gobernador, Plinio, se instaló en Asia Menor. Cuando llegó allí, se asombró al ver que los templos estaban desiertos y los santuarios de los ídolos no tenían actividad. Entonces dijo: "¿Qué ha fallado? ¡Estos son los dioses de nuestro gran Imperio Romano! ¿Por qué no viene nadie?". Le dijeron: "Los cristianos, son demasiados". Respondió: "Los cristianos, ¿esa gente supersticiosa? ¡Arréstenlos!". Los arrestó, y pidió a la gente que le dijera quiénes eran. Todos los que fueron traicionados fueron arrestados y condenados a muerte. Pero al final Plinio se quedó perplejo, primero por el número de cristianos, que no paraban de llegar, y, segundo, por la calidad de sus vidas. Dijo: "Debo averiguar más sobre esta gente". Un día envió a su espía a uno de sus servicios matutinos. El espía regresó e informó a Plinio de su viaje: "Se reúnen antes del amanecer. Cantan himnos a Cristo como Dios. Luego hacen un juramento, una promesa (en latín, un *sacramentum*) a Jesús como Señor, y prometen no robar, no cometer adulterio y no asesinar". Plinio se quedó perplejo. Enseguida escribió al emperador Trajano: "Estimado Trajano, estoy arrestando a los cristianos y los estoy condenando a muerte, pero estoy un poco desconcertado por lo que encuentro. ¿Qué debo hacer?". Trajano le contestó: "Será mejor que vayamos con cuidado. Si son traicionados, no escuches traiciones anónimas".

Esto alivió la situación en Asia Menor. Pero dijo: "Si consideras que son una religión antirromana, debes ponerlos a prueba preguntándoles si dirán: 'César es señor', y si no lo dicen, tienes que matarlos". Así que muchos siguieron muriendo.

Avanzamos ahora algunos años a un hombre llamado Ignacio. Su historia es maravillosa. Era uno de los ministros más jóvenes de la iglesia en aquellos días. Entonces los llamaban *obispos*. Cada iglesia tenía su obispo. Era solo el nombre de un ministro. Era el obispo de Antioquía. Fue arrestado por los romanos y le hicieron la prueba. No la cumplió, así que fue escoltado al Coliseo en Roma donde iba a ser arrojado a las fieras. ¡Pero su viaje escoltado a Roma fue un desfile triunfal! Los cristianos salían de sus casas y caminaban junto a él varios kilómetros. De hecho, apenas tuvo que caminar un kilómetro y medio sin cristianos. Venían y caminaban con él, tenían comunión y él les hablaba mientras se dirigía a su muerte. ¿Qué le dice un hombre a sus compañeros cristianos cuando camina hacia su muerte? Dijo cosas maravillosas. Anoté una cosa que dijo: "Ahora empiezo a ser un discípulo. El que está cerca de la espada está cerca de Dios. El que está entre las fieras está en compañía de Dios". Este era un hombre que iba a su muerte. Escribió cartas todas las noches cuando descansaba, encadenado a su soldado romano. Escribió una de sus últimas cartas a otro ministro en un lugar llamado Esmirna, un hombre llamado Policarpo. Dijo esto: "Mantente firme, firme como un yunque, aunque a menudo seas golpeado".

Cuarenta años después, Policarpo fue martirizado. Sucedió así. Policarpo era ya un hombre muy viejo. Un día se celebraron los juegos romanos en honor del emperador, en la ciudad de Esmirna, donde Policarpo era el obispo cristiano. Los juegos se volvieron tan apasionantes que la sangre empezó a correr y la multitud se exaltó. Entonces alguien gritó: "Fuera los ateos". Arrastraron a once cristianos a la arena, los llamaron "ateos", y les echaron los leones. Finalmente, las cosas se descontrolaron tanto que la multitud empezó a pedir la sangre de Policarpo. Un soldado romano fue enviado con algunos otros soldados a arrestarlo, y llegaron a una pequeña casa de campo en las afueras de Esmirna donde vivía Policarpo. Llamaron a la puerta y él salió a responder. No lo reconocieron, pues no lo conocían. Él podría haber dicho: "No, ha salido", y más tarde dijo que estuvo tentado de hacerlo. Pero el Señor le dio la victoria, y dijo: "Soy Policarpo". Entonces extendió las muñecas para que le pusieran las cadenas y fue conducido a la arena. Cuando el gobernador vio lo viejo que era, dijo: "Por respeto a tus cabellos blancos, solo maldice a Cristo y podrás volver a tu casa". Policarpo dijo: "Ochenta y seis años lo he servido y nunca me ha hecho algún mal. ¿Cómo puedo entonces blasfemar ahora contra mi Rey, a quien sirvo?". No pudieron hacer otra cosa que matarlo. Se habían llevado los leones, así que hicieron una hoguera y lo ataron a una estaca. Pero el viento era fuerte y alejó el fuego de Policarpo, lo que impresionó profundamente a la multitud. Finalmente, un soldado romano, por piedad hacia el anciano, le clavó un puñal en el corazón. Los cristianos registraron ese martirio y terminaron el registro con estas palabras: "Quintus statius Quadratus... pero Jesucristo será Rey para siempre". El nombre de ese hombre, Quadratus, quedó como gobernador, ¡pero el nombre de Jesucristo quedó como Rey!

Pasamos las páginas de la historia y llegamos al año 177. Una severa persecución estalla ahora en un lugar llamado Lyon, en Francia. El anciano ministro de Cristo, Potino, fue arrojado a la cárcel, y permaneció allí hasta su muerte.

Entonces se llevaron a una pequeña esclava adolescente, una chica cuyo nombre ha pasado a los anales de la historia. "Un noble ejército, matrona y doncella...", ¡quizás lo haya cantado! Esta pequeña doncella, Blandina, fue capturada y sometida a las más increíbles torturas. Esto es lo que dijeron de ella: "Los torturadores la torturaron desde la mañana hasta el atardecer, hasta que cansados y fatigados reconocieron que habían sido vencidos y no podían hacerle más. Su consuelo, recreación y alivio del dolor de sus sufrimientos fue exclamar: '¡Soy cristiana y no hemos hecho nada vil!'. Al día siguiente la llevaron a la arena. Después de la flagelación, después de las fieras, después de la silla de asar, fue finalmente encerrada en una red y arrojada ante un toro, y tras ser zarandeada por ese animal también fue sacrificada. Ella, como una noble madre que ha animado a sus hijos, se apresuró con ellos con alegría y exultación, como si fueran invitados a un banquete de bodas". Así murió Blandina.

Pasamos las páginas y llegamos a una prisión norteafricana donde una mujer cristiana es encarcelada, con su bebé en la celda de al lado. El bebé se está muriendo de hambre, pero no le permiten alimentarlo, y nadie más lo hace. Sus pechos están hinchados y doloridos; el bebé llora pidiendo leche. Le dicen: "Puedes alimentar a tu bebé en cuanto digas: 'César es señor'". ¿Podría soportarlo usted? Esto es lo que dijo: "Damos honor al César como César. Pero rendimos temor y adoración a Cristo como Señor". ¡Qué batalla!

Bajo Decio, el gobernador romano, se rompió una larga calma (una calma que había durado unos treinta años). Por primera vez, Roma se propuso aplastar sistemáticamente el cristianismo en todo el imperio. Por primera vez, no fue local sino universal. No puedo entrar más en los sufrimientos de esa época. Pero después de Decio hubo cuarenta años de paz, y la iglesia creció en número, riqueza e influencia. Por desgracia, es lo que tiende a suceder en tiempos de alivio.

Finalmente, el último ataque de Satanás llegó bajo el emperador Diocleciano. En el año 303, ordenó que se destruyeran todas las iglesias, ya que ahora habían comenzado a construirlas. Ordenó quemar todas las Biblias, echar a todo cristiano que ocupara un puesto oficial en Roma y decapitar, quemar o ahogar a todos los cristianos. Satanás sabía que estaba perdiendo la batalla. Había muchísimos cristianos ahora, y el Imperio estaba siendo superado. Esta era la batalla final, ¡y fue ganada!

Hay dos cosas importantes que quedan por decir sobre toda esta persecución. En primer lugar, conocemos a muchos de los mártires, pero también sabemos el hecho muy triste de que miles de cristianos fueron derrotados por las persecuciones. Algunos se rindieron y dijeron: "César es señor". Algunos sobornaron a funcionarios con dinero para librarse. Algunos huyeron a otros países. Muchos de ellos, por desgracia, se rindieron. Imagine que algunos en su iglesia fueran objeto de tal persecución, y suponga que algunos de los arrestados tuvieran la gracia y el valor de morir por el Señor. Suponga también que algunos, ante la prueba, cedieron y negaron conocer a Cristo y se mantuvieron alejados de nosotros. Luego supongamos que, más tarde, cuando llegó la paz, quisieran volver a la iglesia. ¿Qué deberíamos hacer?

Ese problema partió en dos a la iglesia cuando llegó el momento más aliviado. Algunos dijeron: "No pueden ser cristianos. Defraudaron al Señor. Lo negaron. Se mantuvieron lejos de nosotros cuando la persecución estaba en marcha. ¿Por qué habrían de hacerse miembros ahora?". Me temo que eso dividió a la iglesia.

En segundo lugar, la iglesia nunca creció tan fuertemente, o tan rápidamente, como bajo esos sufrimientos. Hizo que ese cristiano del norte de África, Tertuliano, dijera: "La sangre de los mártires es la semilla de la iglesia. Si quieres plantar una iglesia, planta un mártir". Lo triste es que la iglesia de Cristo nunca ha crecido tan rápidamente, en proporción a sus miembros, como lo hizo en los primeros trescientos años. Esa es la respuesta al sufrimiento. No puedo entenderlo, pero es cierto, que donde una iglesia sufre, crece. ¿Por qué? Porque, creo, depura la membresía. Reduce los hombres de Gedeón a los trescientos que pueden soportarlo. Hace que la iglesia sea lo que debe ser: ¡un noble ejército!

Ha llegado el momento de llevar estos hilos a una conclusión. Hemos atravesado tres siglos, y hemos llegado al año 312. En ese año, el emperador romano mismo, Constantino, se hizo cristiano. Es una historia muy extraña, y no puedo separar la verdad de la ficción. Hay un puente, el puente Milvio, en el lado norte de Roma. Constantino salió al encuentro de los enemigos de Roma, y vio una visión en el cielo. Vio una cruz, y escuchó una voz: "En esta señal, vence". Así que pintó esa cruz en el escudo de cada soldado romano, y dijo: "A partir de ahora, soy cristiano y ustedes también".

No estoy seguro de que eso fuera algo bueno. Pero el emperador se hizo cristiano. Dijo: "A partir de ahora, el domingo será un día de descanso". Esa fue la primera vez que el domingo fue un día de descanso. Los cristianos nunca habían tenido el domingo hasta entonces. También dijo: "Las mujeres van a ser más valoradas en el imperio". Dijo: "Los esclavos van a ser tratados correctamente". El emperador era cristiano, y ese fue el fin de la batalla física, al menos en el Imperio Romano. Fue el fin de las persecuciones y los sufrimientos. Pero permítame decir esto: no fue del todo el final de las otras dos batallas, y tengo algunos comentarios más que hacer sobre ellas.

Constantino, para su alarma, descubrió que la iglesia estaba en un estado terrible. Estaban siempre discutiendo, peleando y dividiéndose por algo. Vio esto y dijo: "¡Qué iglesia! Ahora que es libre, está discutiendo". Al principio, lo desestimó como mal carácter y disputas doctrinales y personales. Luego lo analizó más detenidamente y se dio cuenta de que la batalla mental seguía en pie.

Allá lejos, en Alejandría, había un predicador muy poderoso. Era alto y guapo, un orador, un cantante que también escribía música. Tenía una iglesia enorme y predicaba algo espantoso. Predicaba exactamente lo que los Testigos de Jehová predican hoy: que Jesús no es plenamente Dios. Este gran orador, con su atractiva personalidad, contaba con decenas de personas. Recordará que la primera batalla mental con el gnosticismo fue una batalla contra la idea de que Jesús no era totalmente hombre, pero ahora el otro lado de la batalla era la afirmación de que Jesús no era completamente Dios. Este hombre se llamaba Arrio. Su herejía atravesó la iglesia como una tendencia, una moda. Otros predicadores se subían a sus púlpitos y decían que Jesús no era plenamente Dios; que había sido creado, no engendrado; que solo era el Hijo de Dios, no Dios. Comenzaron a destruir la fe de esa manera.

Hubo un hombre, y solo uno al principio, que pudo ver lo que estaba sucediendo. Su nombre era Atanasio.

Era un hombre joven, un diácono, mientras que Arrio era un obispo. Este joven prometedor era muy pequeño. La gente decía que era un enano porque era muy pequeño. Este diminuto diácono de una iglesia dijo: "Esa no es la verdad cristiana, y voy a luchar contra ella". Esto dio lugar a un proverbio, "Atanasio está en contra del mundo" (*Athanasius contra mundum*), porque el mundo había ido tras Arrio. Pero Atanasio dijo: "Yo lo combatiré. Esto es algo por lo que tengo que luchar. Esto es algo contra lo que tengo que pelear". Jesús era totalmente Dios y también totalmente hombre. Y, por muy atractivo y popular que sea el predicador, si dice que Jesús no es plenamente Dios, destruye la fe. ¿Cómo puede Jesús unir a Dios y al hombre si no es plenamente Dios y plenamente hombre? Esa es la simple verdad, y Atanasio lo vio.

Finalmente, Constantino dijo: "Miren, tendremos que resolver esto de una vez por todas", y convocó a unos trescientos obispos. Se había mudado de Roma y decidió instalarse en Bizancio, rebautizándola como Constantinopla. Como no pudo encontrar un salón lo suficientemente grande, cruzaron el mar del Bósforo (o el mar de Mármara, como se llamaba) a una ciudad llamada Nicea. Y allí, en una gran iglesia, se reunieron aquellos obispos. Llevaban en sus cuerpos las marcas de sus sufrimientos; entraron los mutilados y los cojos, y el emperador romano los saludó. ¡Qué momento tan dramático!

La batalla física ciertamente había terminado, pero no el resto de la batalla. En un salón fuera de la iglesia estaba Atanasio. Era demasiado joven para que se le permitiera entrar en la discusión principal, pero era su figura central. Alimentaba todos los argumentos a través de un amigo en la discusión principal. El amigo salía corriendo constantemente y le decía a Atanasio: "Dijeron esto, ¿qué dices ahora?". Y él respondía: "Diles esta escritura". Volvía a entrar el hombre, les decía el texto y les decía: "Esta es la palabra de Dios". ¡Atanasio libró la batalla desde fuera del Concilio!

Se dividieron por dos palabras griegas: *homoousios* y *homoiousios*. La gente pensaba: ¡imagínense dividir a la iglesia por una palabra! Pero era una palabra importante. *Homoousios* significa 'de una misma sustancia'. *Homoiousios* significa 'de una sustancia similar'. La división se produjo en torno a esta cuestión: ¿es Jesús de la *misma sustancia* que Dios, o es solo *como* Dios? Mientras Atanasio lo combatía desde fuera, Arrio, ese predicador dominante, los seducía dentro de la asamblea. Pero, gracias a Dios, la batalla la ganó Atanasio.

Dios elige a donnadies. Cinco veces tuvo que huir Atanasio por su vida, y estuvo en el exilio, pero siguió luchando, porque el concilio de Nicea no resolvió el asunto. Lo que sí hicieron fue producir una declaración (en el 325, con adiciones hechas en el Concilio de Constantinopla en 381) que todavía se usa en el culto. Se llama "Credo de Nicea". He aquí una traducción de su primera versión (325):

> Creemos en un solo Dios, Padre todopoderoso, creador de todas las cosas visibles e invisibles; y en un solo Señor Jesucristo, el Hijo de Dios; unigénito nacido del Padre, es decir, de la sustancia del Padre; Dios de Dios, luz de luz, Dios verdadero de Dios verdadero; engendrado, no creado; de la misma naturaleza que el Padre; por quien todo fue hecho: tanto lo que hay en el cielo como en la tierra; que por nosotros, los hombres, y por nuestra salvación bajó y se encarnó, se hizo hombre, padeció y resucitó al tercer día, (y) subió a los cielos, vendrá a juzgar a vivos y muertos; y en el Espíritu Santo. Y a los que dicen: "hubo un tiempo en que no existió" y "antes de ser engendrado no existió" y "fue hecho de la

nada o de otra hipóstasis o naturaleza", pretendiendo que el Hijo de Dios es creado y sujeto de cambio y alteración, a éstos los anatematiza la iglesia católica y apostólica.

Desde entonces, la iglesia de Jesucristo ha declarado en sus credos la verdad de que Jesús es plenamente Dios, "Dios verdadero de Dios verdadero". Cada Navidad lo cantamos: *"Hark, the herald angels sing"* (Escucha el anuncio de los ángeles), *"True God of True God"* (Dios verdadero de Dios verdadero), *"Light of Light"* (Luz de luz), *"Lo, he abhors not the Virgin's womb"* (He aquí no aborrece el vientre de la virgen), *"Begotten, not created"* (Engendrado, no creado). Estamos cantando lo que se estableció en Nicea. Jesús es plenamente Dios.

LA BATALLA MENTAL HABÍA SIDO GANADA PARA EL AÑO 400

La batalla espiritual continuó. Constantino tenía dos nietos —uno llamado Juliano— que dijeron: "No nos gusta lo que hizo nuestro abuelo". Esto no es inusual. Los nietos dijeron: "Vamos a retroceder el reloj. Vamos a reintroducir los dioses paganos romanos, y los templos, y abrirlos de nuevo", y lo hicieron. Pero nadie vino, y se dieron cuenta de que era demasiado tarde. La batalla espiritual había sido ganada.

Para el año 400 solo había una religión que prevalecía en todo el Imperio Romano. Los soldados romanos la llevaron a Inglaterra. San Albano fue el primer mártir en Gran Bretaña, un soldado romano que murió por Jesucristo. Todavía llamamos al lugar San Albano. La fe se había extendido al sur, hasta África. Se había extendido al este, a Siria, y a la India. El mundo conocido de entonces había escuchado. La batalla física fue ganada, la batalla mental fue ganada, y la iglesia había capturado al mundo para Jesucristo.

Sin embargo, todavía estamos luchando esta batalla, y es más feroz que nunca. En muchos países fue y a veces sigue siendo una batalla *física*. En Europa fue (y sigue siendo) una batalla *mental*. En 1517, Martín Lutero clavó en la puerta de la iglesia lo que *él* que creía que era la verdad. ¿Dónde deberíamos ir a clavar las cosas hoy?

Es una batalla mental hoy *dentro* de la iglesia. ¿Estamos preparados para afrontarla y combatirla con todo lo que implica? Puede ser doloroso. Y la agonía de la *mente* es peor que la agonía del *cuerpo*.

Richard Wurmbrand (1909-2001), un conocido ministro cristiano rumano que fue encarcelado y torturado repetidamente por su fe en Jesucristo durante la época comunista, decía que sufrió más en Occidente que en su país natal, y que a veces anhelaba volver a su celda en la prisión.

Hace muchos años, alguien me llamó y me dijo: "¿Podría llevar a Richard Wurmbrand a Cambridge?". Lamentablemente, tenía demasiados compromisos, pero me habría encantado hacerlo. Él había recibido una carta con una amenaza a su vida y no iba a viajar en transporte público por razones de seguridad. Pregunté: "¿Para qué quiere ir?". Le habían dicho que iba a desafiar al (entonces) canónigo Montefiore en Cambridge, porque fue en la iglesia de ese hombre donde se había reunido el Congreso Mundial de Credos unas semanas antes. Fue en la iglesia de ese hombre donde Montefiore llamó a Jesús homosexual, lo que es casi una blasfemia. Wurmbrand, que había sufrido físicamente en Europa del Este, era el hombre que iba a desafiar a esta persona a predicar la verdad en Occidente. ¿No lo lleva a reflexionar? Esta es la batalla que libramos hoy, y debemos decir muy claramente y con amor: "No estamos alterando la fe para los intelectuales de hoy. ¡Solo hay un evangelio que salva!".

2
¿CÓMO SE INTRODUJO EL MUNDO EN LA IGLESIA PRIMITIVA?

Estamos intentando cubrir una inmensa cantidad de terreno en una breve reseña. El propósito es ver el despliegue del propósito de Dios, y cómo se produjeron las cosas que conocemos demasiado bien. En el capítulo anterior consideramos cómo la iglesia capturó al mundo (durante los primeros cuatrocientos años) ganando una batalla física con el sufrimiento, una batalla mental con la herejía y una batalla espiritual con otras religiones. Hay que añadir algo importante: los cristianos ganaron esa batalla porque vivieron mejor, pensaron mejor y murieron mejor que todos los demás. Esta no es mi afirmación, sino del erudito bautista T. R. Glover.

En este capítulo y en el siguiente pasamos a un tema más infeliz y serio, a saber, cómo el mundo se introdujo en la iglesia.

Hay un cuadro de la Edad Media que retrata a la iglesia como un bote salvavidas. En un mar agitado, los cristianos en el bote salvavidas intentan sacar de las olas a personas que se están ahogando. Esta es una buena imagen de la iglesia. Es un bote salvavidas y ha ido al mundo, respondiendo al grito "SOS" (salva nuestras almas). El bote salvavidas debe estar en el mar, pero si el mar entra en el bote salvavidas, entonces hay un verdadero problema. La iglesia debe estar en el mundo, pero cuando el mundo se introduce en la iglesia, entonces está acabada y se hunde. La historia de los siguientes mil años es sobre cómo el mar se metió en el bote salvavidas, cómo el mundo se introdujo en la iglesia.

En este capítulo veremos cómo el mundo entró en la iglesia en el período inicial, aproximadamente entre 100 y 400 d.C., por lo que volveremos a examinar el período que ya hemos cubierto. Incluso con toda esa victoria, el mundo estaba empezando a entrar en la iglesia. Más adelante, en el capítulo 3, examinaremos el período comprendido entre 400 y 1000 d.C., a menudo denominado los años oscuros, antes de abordar la Edad Media (1000-1500), lo que nos sitúa a tan solo uno o dos años de Martín Lutero.

En primer lugar, ¿cómo se introdujo el mundo en la iglesia en los primeros cuatrocientos años, cuando había mártires como los que ya hemos visto, cuando había grandes predicadores, cuando se estaba ganando la batalla? Durante esos primeros cuatro siglos ocurrieron cuatro cosas que empezaron a diluir la iglesia de Jesucristo:

- Obispos regionales;
- Una visión "mágica" de los sacramentos;
- Religión establecida;
- Membresía nominal.

OBISPOS REGIONALES

En el periodo del Nuevo Testamento, cada iglesia tenía un número de obispos propios. Se los llamaba ancianos, obispos o presbíteros. Los nombres se refieren al mismo cargo: líderes espirituales. Así que los obispos en el Nuevo Testamento eran lo mismo que algunas iglesias llaman ancianos hoy.

En la siguiente etapa, cada iglesia redujo sus obispos a uno. Luego, más tarde, había un solo obispo para muchas iglesias, y el liderazgo se empezó a concentrar en menos manos.

No es lo que encontramos en el Nuevo Testamento.

No sucedió durante los primeros cien años de la iglesia cristiana; el cambio tuvo lugar en el segundo siglo. Ahora surgieron hombres de considerable poder e influencia. No muchos obispos para una iglesia, sino muchas iglesias para un obispo. Este apartamiento del orden divino en el Nuevo Testamento fue claramente una de las primeras cosas que comenzaron a estropear y cambiar el carácter de la iglesia. Este cambio, por cierto, copió al Imperio Romano, con sus gobernantes.

UNA VISIÓN "MÁGICA" DE LOS SACRAMENTOS

Consideremos el bautismo. En lugar de ser un signo y sello externo del lavamiento espiritual de los pecados, se empezó a creer que el agua misma y el uso de la fórmula correcta salvaban a una persona de su pecado, independientemente de su edad; y que, de hecho, si uno pecaba después de su bautismo lo deshacía, y no podía obtenerlo de nuevo, ¡así que era mejor no hacerlo! Así que decidieron que era mejor no bautizarse hasta que estuvieran en su lecho de muerte. Después de todo, si uno se bautiza antes de morir, hay un gran riesgo de pecar después, y deshacer el buen trabajo de lavar su pecado. Literalmente, la gente comenzó a posponer el bautismo hasta que los médicos decían: "No hay esperanza". Entonces corrían a buscar al ministro y le decían: "¡Bautice!". Pero luego otros dijeron: "Podríamos tener un bebé que muere. Preferimos que el bautismo se realice al principio de la vida y que los pecados del bebé sean lavados. ¡No queremos que nuestro bebé vaya al infierno!". Ambos puntos de vista eran supersticiosos y mágicos.

Desgraciadamente, prevaleció el punto de vista del bautismo de bebés. Así que, después de unos 150 años, se empezó a bautizar a bebés, una práctica que ha persistido hasta hoy, no en la mayoría de las iglesias del mundo, tal vez hasta la mitad. Esa práctica significó que muchos que simplemente habían sido "acristianados" comenzaron a decir "soy cristiano". Eso erosionó la iglesia de Jesucristo.

De manera similar, la Cena del Señor fue tratada mágicamente. Fue en los primeros cuatrocientos años que empezaron a pensar que el pan era en realidad la carne de Cristo, y que el vino era en realidad la sangre. Por lo tanto, ya que su carne y sangre reales estaban siendo ofrecidas, era de hecho un sacrificio, y por lo tanto el ministro que manejaba el pan y el vino debía ser de hecho un sacerdote.

RELIGIÓN ESTABLECIDA

Cuando el emperador iba a la iglesia, podemos imaginarnos que todos los demás también lo hacían. Cuando el emperador Constantino dijo: "A partir de ahora, solo hay una religión oficial, que es el cristianismo", podemos imaginar que todo el mundo se subió al carro y se puso de moda. Se volvió respetable ir a la iglesia de la religión establecida del país. Creo que una religión establecida produce un cristianismo de moda y se volvió algo respetable. Es previsible, y es algo que no encuentro en el Nuevo Testamento.

MEMBRESÍA NOMINAL

La membresía nominal llegó a la iglesia. Al final del segundo siglo, un escritor dijo: "Alrededor de 50 d.C. pertenecía a la iglesia que había recibido el bautismo y el Espíritu Santo y llamaba a Jesús 'Señor,' pero alrededor de 180 d.C. a los que reconocían la regla de fe (es decir, el credo), el canon del Nuevo Testamento y la autoridad de los obispos".

En otras palabras, la gente se incorporaba por otras razones, aparte de que creían en Jesús y habían recibido su Espíritu Santo. Ahora era *una institución*.

Ahora, por supuesto, en cada etapa en que la iglesia se equivocó hubo protestas. Las protestas en los primeros cuatrocientos años fueron dos movimientos llamados montanismo y monasticismo. Ambos fueron protestas contra una iglesia que se estaba volviendo rica y mundana, y que se estaba llenando de gente que ni siquiera se había convertido.

MONTANISMO

Surgió en lo que ahora llamamos Turquía, en Asia Menor. Un hombre llamado Montano notó que en decenas de miembros de la iglesia no había rastro del Espíritu Santo, por lo que buscó de nuevo el Espíritu Santo de Dios, y hubo un avivamiento en Asia Menor. Si quiere saber a quiénes se parecían más hoy, eran como los pentecostales. Ellos redescubrieron el Espíritu Santo de Dios, y los dones del Espíritu volvieron a la iglesia a través del montanismo. La adoración volvió a tener vida. El vigor y la realidad volvieron a través de esta protesta pentecostal contra la falta de vida de la iglesia y contra la mundanidad de sus miembros.

Con un tremendo énfasis en el regreso de Cristo, con una insistencia en que nadie fuera miembro de la iglesia a menos que pudiera profesar y poseer una fe real en Cristo, con santidad y ayuno, con una vida cristiana seria, este avivamiento pentecostal desafió a la iglesia existente.

Pero los obispos se opusieron muy severamente. Creo que puede adivinar por qué. La tragedia es que, como tantas veces, este primer movimiento pentecostal de la historia tomó un mal rumbo. Se desvió, porque estas personas no querían enseñanza. Querían el "calor" sin la "luz". Necesitamos ambas cosas. La luz sin calor es demasiado fría. El calor sin luz es demasiado caliente. No querían escuchar la enseñanza de las escrituras sobre como ejercitar los dones espirituales. Particularmente, fueron las mujeres de este movimiento las que se desviaron. Comenzaron a producir profetisas y otras que eran desequilibradas, frenéticas y fanáticas, y que no se dejaban controlar ni enseñar.

La tragedia es que ese primer avivamiento pentecostal

terminó en fanatismo y se fue apagando. La protesta quedó en nada. Creo que eso es algo que todo avivamiento pentecostal debe saber. Podemos aprender de la historia. Surgió como algo bueno, como una protesta contra la falta de vida de las iglesias, como el actual movimiento pentecostal surgió hace más de un siglo, precisamente por la misma razón, en Inglaterra. Pero, siempre, este avivamiento necesita ser equilibrado con enseñanza, con el uso equilibrado de los dones, con los frenos bíblicos, para no volverse algo frenético y fanático.

MONASTICISMO

La otra protesta (algunos años más tarde en ese primer período) fue muy diferente. Había ciertos cristianos que decían: esta iglesia es tan mundana, está tan muerta, que la única esperanza de redescubrir el cristianismo es salir de la iglesia así como del mundo.

Algunos de los primeros decidieron hacerlo por su cuenta. Fueron ermitaños. Es una historia muy extraña. Por ejemplo, el primero, San Antonio, decidió que nunca sería un verdadero cristiano hasta que no fuera al medio del desierto. El problema fue que, cuando llegó allí, muchos otros cristianos quisieron unirse a él, y él no quería eso. Sobre todo, descubrió que sus tentaciones eran tan mundanas sentado en una cueva en el desierto como lo habían sido en la iglesia.

Hubo un ermitaño aún más peculiar llamado Simeón el Estilita. Se construyó un pilar de 18 metros de altura, de un metro de ancho en la parte superior. Subió y vivió allí durante unos 60 años. Incluso se mantuvo sobre una pierna durante un año para intentar, como protesta, decirle a la iglesia que el cristianismo es algo arduo. Así que allí estaba, subido al poste en más de un sentido, cubierto de úlceras y gusanos, en un estado espantoso. El pobre

Simeón el Estilita ha pasado a la historia como alguien que intentó recuperar el verdadero ascetismo de la fe cristiana, y el verdadero vigor y autodisciplina de la misma, en una iglesia mundana.

Más exitosos que los ermitaños fueron los que iniciaron comunidades de cristianos. Un hombre llamado Benito inició este movimiento. En Montecasino, a medio camino entre Roma y Nápoles, este hombre reunió a su alrededor un grupo de verdaderos cristianos que se dieron cuenta de que la iglesia era tan mundana, estaba tan muerta, que no podían hacer nada con ella, y dijeron: "Nos reuniremos y viviremos juntos como cristianos. No seremos ricos sino pobres; no seremos lujuriosos sino célibes; no seremos rebeldes sino obedientes". Adoptaron los tres votos de pobreza, castidad y obediencia. Su funcionamiento se basaba en el de una guarnición de soldados romanos. Este monasterio era una protesta contra una iglesia mundana.

La tragedia es que esta protesta se desvió, tan ciertamente como la otra. Porque Cristo no quería que viviéramos la vida cristiana lejos del resto del mundo. Y, más tarde, estos monjes, que empezaron con la buena intención de redescubrir el cristianismo, se enfrascaron tanto en su propia salvación, tan introvertidos, que se aislaron del mundo y de la iglesia.

Además, me temo que los monjes produjeron la idea de que había dos clases de cristianos: dos estándares y dos niveles. Hay cristianos de segunda clase que se casan y cristianos de primera clase que no lo hacen. Hay cristianos de segunda clase que viven en el mundo, y hay cristianos de primera clase que viven fuera de él. Pero esa no es la enseñanza de Jesús. Nuestro Señor no fue un monje. No se retiró de la sociedad. Vivió una vida pura en la sociedad, y dijo a sus discípulos que estuvieran en el mundo sin ser de él. Esta protesta no era la correcta, pero era sincera.

3
LOS AÑOS OSCUROS
400 - 1000 d.C.

LA CAÍDA DE ROMA

En el año 410, se produjo una catástrofe. Los bárbaros del norte avanzaron sobre la ciudad de Roma. Llegaron los vándalos (como todavía llamamos a las personas que destruyen todo lo que encuentran a su paso), los francos, los hunos, los godos, estos "bárbaros" (llamados así por su grito de guerra: "¡Barbar, Barbar!").

Así cayó la Roma de entonces. Los romanos abandonaron Bretaña en ese año para volver a defender la ciudad, pero no pudieron hacerlo. Tan pronto como los romanos salieron de Gran Bretaña, los jutos, los anglos y los sajones vinieron a la carga y destruyeron el cristianismo en Inglaterra y en el sureste de Escocia, por lo que el cristianismo, que había sido traído por los soldados romanos y que estuvo en Inglaterra en los primeros cuatrocientos años, desapareció cuando los romanos dejaron Gran Bretaña. Los anglosajones llegaron y conquistaron todo.

Cuando Roma cayó, parecía que era el fin de la civilización. Jerónimo, escribiendo en Jerusalén, dijo: "La raza humana está incluida en las ruinas". A muchos les resultaba desconcertante que, mientras Roma había sobrevivido cientos de años como imperio pagano, ahora, como imperio cristiano, había colapsado.

SAN AGUSTÍN

Pero hubo un hombre que reflexionó y dijo algo increíble, a saber, que era lo mejor que podría haber sucedido. Se llamaba Agustín, y aún hoy se pueden comprar sus libros en puestos de libros de aeropuertos. Reconocerá algunas de las cosas que dijo este gran hombre: "Nuestros corazones están inquietos y no pueden encontrar descanso hasta que lo encuentren en ti", tal vez la oración más citada de la historia. Fue Agustín quien oró: "Dame castidad, pero no todavía". Fue Agustín quien dijo: "Ama y haz lo que quieras". Tuvo más influencia en la historia de la iglesia que cualquier otro hombre después del apóstol Pablo. Nacido en el norte de África, fue como estudiante a la universidad de Cartago, se metió en el grupo de jóvenes equivocado y muy pronto tuvo una concubina, de la que tuvo un hijo. Vivió en una relación ilegal con su concubina durante unos veinte años. Tenía un padre pagano, pero una madre muy piadosa y santa que oraba por él con lágrimas todos los días.

Posteriormente, debido a su mente brillante y a su carrera académica, fue invitado a ser profesor de retórica en la Universidad de Milán. Allí escuchó al santo obispo Ambrosio, cuyos restos mortales he contemplado. Bajo la predicación de Ambrosio, este joven Agustín, con su mente brillante, pero con su vida completamente libertina, fue llevado a una tremenda convicción de incertidumbre y pecado. Un día, sentado en un jardín, llorando por el desastre que había hecho de su vida, oyó la voz de un niño por encima de la pared del jardín que decía: "Toma y lee, toma y lee". Nunca supo quién era ese niño. Pero se fijó en un pergamino que había en el asiento, lo tomó y lo leyó. ¡Era la carta de Pablo a los Romanos! Agustín la leyó por completo y se le hizo la luz. Cuando salió después a la calle, la mujer con la que vivía lo vio y él huyó de ella. Ella corrió tras él y le dijo: "Agustín, soy yo, soy yo", y él respondió, gritando por encima del hombro: "Pero no soy yo, no soy yo".

Poco a poco, fue enderezando su vida y comenzó a escribir. Puede leer toda la historia de su conversión en sus *Confesiones*. Fue cuando Agustín estaba en su edad madura que Roma cayó y el mundo entero pareció derrumbarse a su alrededor. Empezó a pensar acerca de esto y finalmente escribió otro libro importante (¡escribió muchos!), *La ciudad de Dios*, en el que decía que era bueno que la ciudad pagana de Roma se hubiera derrumbado, porque ahora la ciudad de Dios podía reemplazarla. Era bueno que un imperio terrenal hubiera llegado a su fin, porque el imperio celestial podía ser establecido. Este libro trajo esperanza y nueva vida a muchas personas. Les hizo ver que había una ciudad de Dios que aún sobrevivía cuando la ciudad de los hombres había desaparecido. Ese fue el problema, porque la gente empezó a preguntarse: ¿qué es esta ciudad de Dios? ¿Es una cosa visible? ¿O una cosa invisible? ¿Es una ciudad terrenal o celestial? En este punto, Agustín llevó a mucha gente a un malentendido a través de este segundo libro. Lo curioso es que, siglos después, en la Reforma, los protestantes decían: "Seguimos a Agustín" y los católicos romanos decían: "Seguimos a Agustín". Pero los protestantes seguían sus *Confesiones*, y los católicos romanos seguían *La ciudad de Dios*. La iglesia dijo: "Si esa es la verdad, entonces la iglesia es ahora el nuevo imperio", y uno de los primeros resultados de esto fue el ascenso del obispo romano a la posición de emperador.

Ahora bien, en esos días, hubo un gran debate sobre la palabra "papa". Significa, esencialmente, 'padre'. A pesar del hecho de que Jesús había dicho: "No llamen nunca padre a nadie en la tierra. Tienen un solo Padre en el cielo", empezaron a llamar al sacerdote local "padre". Luego llamaron "padre" a los obispos regionales. Luego, algunos grandes obispos, como los de Jerusalén, Alejandría, Constantinopla y Roma, empezaron a reclamar el título. El obispo de Roma dijo: "La ciudad de Roma ha desaparecido, pero ahora yo soy el emperador. Soy el obispo principal, y a partir de ahora me llamarán "papa", me llamarán 'padre'", y surgió el papado tal y como lo conocemos.

¡Lo interesante es que el papa adoptó los títulos e incluso las vestimentas del emperador romano! Adoptó el título de *Pontifex Maximus*, también conocido hoy como Pontífice. Es el título del emperador romano. La idea de Agustín era errónea, y la gente pensó que la iglesia era el nuevo imperio. Debía tener su emperador, junto con sus vestimentas y ceremonias. Debía tener su trono. El papa se convirtió en un rey.

Ahora bien, uno imaginaría que los cristianos no lo aceptarían. Los cristianos franceses no lo aceptaron, los cristianos irlandeses no lo aceptaron, los cristianos galeses no lo aceptaron y los cristianos escoceses no lo aceptaron. Pero me temo que los cristianos ingleses sí.

En un momento parecía que las Islas Británicas quedarían atrapadas entre los que creían que el cristianismo no tenía papa y los que creían que sí. San Columba fue de Irlanda a Iona y a Escocia, y llevó a Escocia a Cristo. Luego bajó Aidan a la isla de Lindisfarne desde donde evangelizó Northumberland. Todavía se pueden ver las ruinas de la iglesia de San Aidan allí, en la pequeña isla. Este cristianismo celta no papal llegó a través de Irlanda y Escocia al norte de Inglaterra. Pero más tarde el papa dijo: "Tenemos que conseguir Inglaterra. Tenemos que captar a esos anglos". Envió un misionero, otro Agustín, que desembarcó en la isla de Thanet y luego llegó a Canterbury. Los dos tipos de cristianismo, celta y romano, tuvieron un famoso encuentro en Whitby. Se pueden ver las ruinas sobre el puerto de Whitby donde se reunieron.

Allí, en el año 660, el cristianismo papal se reunió con el cristianismo celta. La tragedia es que el cristianismo papal ganó y las Islas Británicas quedaron bajo el trono papal. Escocia incluso cambió su santo patrono de San Juan a San Andrés. Toda la situación cambió.

El otro gran grupo de cristianos que no quiso aceptar esto fueron las iglesias de la parte oriental del Mediterráneo, las de Grecia, Asia Menor, Siria y Egipto. Dijeron: "No reconocemos esto. Esto no es bíblico, que haya un 'papa', un padre de toda la iglesia. Esto no es el Nuevo Testamento". Comenzaron una división que finalmente se completó en el año 1054, que mantuvo a las iglesias orientales y occidentales separadas hasta la década de 1960. Recién en el siglo XX las iglesias orientales y occidentales comenzaron a hablarse. Durante mil años se dividieron por esto. Por supuesto, aún no han resuelto el asunto.

De modo que la iglesia se convirtió en un imperio, y el hombre que más trabajó para esto fue el papa Gregorio. Luego estuvo León el Grande. Él dijo ser el sucesor de Pedro. Ocurrió una de las cosas más increíbles entonces. En el año 850, el papa dijo: "He descubierto ciertos documentos que se remontan al primer siglo que prueban que Pedro nombró al primer papa, y éste nombró al segundo y éste nombró al tercero", y así sucesivamente. Ahora sabemos, y la iglesia romana sabe ahora, que esos documentos eran falsos. Son conocidos como las *Falsas Decretales*. El papado fue construido sobre una falsificación. También hubo otra falsificación llamada la *donación de Constantino*, que afirmaba que toda Italia pertenecía al papa. El papa descubrió este documento falsificado y dijo: "¡Ahí está! Toda Italia me pertenece". Este es el tipo de fundamento en el que se basó toda esa estructura. Incluso Roma sabe que es así hoy, y aun así persiste en afirmarlo. El poder romano se extendía.

CARLOMAGNO

En el año 742, nació un hombre cuyo sueño era que el imperio de Roma fuera restaurado y puesto de nuevo en el mapa, con él mismo como emperador y el papa debajo de él. Su nombre, Carlomagno, produce un escalofrío al escucharlo. Este hombre despiadado dijo: "Volveremos a tener un Imperio Romano y su cabeza no será un papa sino un emperador". Carlomagno salvó la vida del papa dos veces, una vez de los bárbaros y otra de las multitudes de Roma que estaban enojadas con él. El papa dijo: "Me has salvado la vida dos veces, ¿qué quieres que haga por ti?". El emperador dijo: "El día de Navidad, coróname emperador".

En el año 800, el día de Navidad, en la iglesia más grande de Roma, en el servicio de la mañana de Navidad, el papa coronó al rey de los francos "Carlomagno, emperador del Sacro Imperio Romano". Mil años después, el Sacro Imperio Romano seguía existiendo.

Hemos cerrado el círculo. El imperio de Roma se derrumbó en el año 410. La iglesia se hizo cargo del imperio. Luego, en el año 800, el emperador tomó el imperio de la iglesia. Parecía que todo volvía a estar como al principio.

Carlomagno hizo algunas cosas buenas y otras malas. Impidió que los clérigos tuvieran concubinas, que visitaran tabernas y fueran de caza y fundó escuelas, entre algunas de sus buenas obras. Entre las malas, prohibió que el clero se casara, y es a Carlomagno a quien debemos el celibato del sacerdocio romano.

Carlomagno tenía la idea de un reino en el que él y el papa fueran socios, con él como socio principal en el negocio. Acuñó el término "cristiandad" (en inglés, Christen-dom, que significa el reino que sería cristiano bajo el emperador). La palabra es una idea que ha persistido hasta nuestros días, y todavía hay quienes esperan que un día haya una cristiandad que sea el reino de Cristo.

PROTESTAS

La iglesia, porque se había vuelto poderosa y rica, estaba corrompida. Quiero hablarle nuevamente de las protestas que surgieron. Ahora teníamos una iglesia que tenía un papa como cabeza, una iglesia que veneraba imágenes, una iglesia que enseñaba a la gente que se salvaría "haciendo peregrinación" y "penitencia". Esta iglesia le decía a la gente todo tipo de cosas que no se encuentran en el Nuevo Testamento. Las protestas vinieron del este y del norte.

Vinieron del este, en dos acontecimientos. El primero, fue el mayor juicio que ha habido sobre la iglesia cristiana: el surgimiento del islam. He vivido en Arabia y he visto algo de esta religión. Permítame contarle un poco sobre ella.

Mahoma nació en el año 571 en una ciudad llamada La Meca, que era el centro de la superstición idolátrica de la raza árabe. En el centro de La Meca había un enorme edificio cuadrado, cubierto con cortinas negras, y en él había una piedra sagrada, la Kaaba, un meteorito que había caído del cielo. Pero en Arabia había muchas otras supersticiones e idolatrías. Este hombre, Mahoma, creció con la idolatría y la superstición de los árabes que le repugnó y asqueó, así que —¡escuche esto!— se dirigió primero a los judíos y luego a los cristianos y les dijo: "¿Tienen ustedes la verdadera religión?". ¡La tragedia fue que Mahoma nunca conoció a un cristiano convertido! ¡La tragedia fue que nunca vio el verdadero cristianismo del tipo del Nuevo Testamento! Todo lo que vio fueron sacerdotes con vestimentas, imágenes y crucifijos, y dijo: "Eso es tan idolátrico como la religión de los árabes". Si Mahoma tan solo hubiera conocido a un verdadero cristiano a finales del siglo VI, pero no conoció a ninguno, así que dijo: "Voy a buscar una nueva religión que sea pura". Y se alejó de este miserable cristianismo pervertido que para entonces era todo lo que pudo encontrar.

Se casó con una viuda rica y pasó años en el desierto, y ahí dice que escuchó una voz: "No hay Dios sino Alá, y Mahoma es su profeta". Comenzó a predicar esto. A través de un amanuense, escribió lo que escuchó en sus visiones en un libro, el Corán. Fue perseguido, y tuvo que huir a Medina en el año 622. Esa es la fecha de la que los árabes toman su calendario. Volvió a La Meca e impuso la nueva religión en el lugar, ¡con un ejército! A partir de entonces, todo el mundo tenía que rezar a La Meca. Mediante una religión de buenas obras, de ayuno, de orar cinco veces al día, de ayunar durante el Ramadán, de peregrinar a La Meca, de dar limosna a los pobres, se enseñaba que uno podía llegar al cielo.

El mahometismo barrió al cristianismo del Mediterráneo. Barrió el cristianismo de la costa norte de África. Barrió al cristianismo de la propia Tierra Santa, fuera de Jerusalén, fuera del lugar donde murió Jesús. Arrasó con España y con Asia Menor. Se introdujo en Francia y llegó hasta las puertas de Lyon. Se introdujo en Europa Oriental y llegó hasta Viena. Parecía que el mahometismo iba a aplastar al cristianismo en un gigantesco movimiento de pinza. Es el mayor juicio que Dios ha permitido a la iglesia cristiana, y era merecido. El cristianismo desapareció en la mayor parte de la costa mediterránea.

Pero "hasta aquí y no más allá". Dios no iba a permitir que el cristianismo fuera eliminado por completo. Los detuvo en Lyon y Viena y se retiraron a sus actuales fronteras, principalmente la costa del norte de África y hasta Turquía. Porque, en esta época, en toda Europa había pequeños grupos de cristianos que se reunían en torno a la Palabra de Dios. Vieron que la iglesia oficial era corrupta y se reunieron simplemente en pequeños grupos. Leían la Biblia y decían: "Adoraremos a Dios con sencillez.

Adoraremos juntos. No necesitamos sacerdotes. Tenemos a Jesús, nuestro Sumo Sacerdote. No necesitamos un papa. Tenemos un Padre en el cielo. No necesitamos toda esta parafernalia. Solo necesitamos la Palabra de Dios y el Espíritu Santo", y así se reunieron.

Ahora bien, sabemos muy poco de ellos porque fueron tan perseguidos que incluso los registros de su historia están destruidos. Me pregunto cuántos han oído hablar de un grupo de personas llamado los bogomilos. Se reunían en torno a la Palabra de Dios por toda Europa, principalmente en Bulgaria y Bosnia. Bogomil es la palabra búlgara que significa 'amigos': amigos de Dios.

Estaban los paulicianos, que se reunían en Armenia, Tracia y Asia Menor. Estaban los cátaros —nombre que significa 'los puros', lo mismo que la palabra posterior "puritano"— que se reunían en los Balcanes.

En mi simplicidad, solía pensar que, durante mil años, las únicas iglesias eran la romana y las orientales, pero no es cierto. Me emocionó descubrir que a lo largo de esos siglos hubo grupos de cristianos sencillos que se reunían en torno a la Palabra de Dios en iglesias locales. Pagaban por ello con sus vidas, pero se reunían, y la llama de la fe se mantuvo encendida para las generaciones siguientes.

4

LA EDAD MEDIA
1000 – 1500 d.C.

Llamamos "Edad Media" a los años 1000 -1500 d.C., porque es el período que se encuentra entre los "años oscuros" y la "Edad Moderna".

HILDEBRANDO
Este monje se convirtió en papa, y no le gustaba ser el "número dos". Ahora había un Imperio Romano restaurado con un nuevo emperador, pero el papa era el número dos. Hildebrando decidió que el papa debía ser el número uno. Lo digo de forma muy sencilla, pero es precisamente lo que ocurrió, y lo consiguió. Hizo muchas cosas buenas. Eliminó parte de la simonía en la iglesia ["simonía" significa comprar puestos eclesiásticos]. Eliminó muchas cosas que estaban mal, pero lo hizo porque creía que el papa debía controlar todo, incluidos los reyes. La batalla entre Hildebrando y el emperador por esta época, Enrique IV, se resolvió de una manera muy dramática y terrible. Enrique IV desafió a Hildebrando y dijo: "Yo soy el número uno". Hildebrando dijo: "¡No lo eres! Deja que el pueblo decida". El pueblo decidió que Hildebrando lo era. En los Alpes, el papa se encontró con Enrique IV, que venía del norte de Europa. El papa estaba en una casa en la montaña y mantuvo al Emperador esperando afuera en la nieve, descalzo, durante tres días, antes de hablar con él. De este modo, Hildebrando

puso definitivamente al Emperador en un lugar secundario.

A partir de entonces y durante los siguientes quinientos años, el papa fue la figura más influyente, y el papado fue el poder que controló el mundo occidental. La iglesia volvió a ser el imperio. Fue este papa el que inició el símbolo de los papas que uno de mis hijos llevaba en su uniforme escolar, para mi disgusto, las llaves cruzadas de Chalfont St Peter. Una de esas llaves es la llave de la autoridad sagrada sobre la iglesia y la otra es la llave de la autoridad secular sobre el estado. Las llaves cruzadas de San Pedro, que formaban parte del escudo de nuestra comunidad local, son, de hecho, la reivindicación de Hildebrando de ser el "mandamás" de la iglesia y el estado. Esto puso la fuerza física de los ejércitos a disposición de la iglesia, y como Hildebrando pensaba así, comenzó a usar la fuerza para establecer el reino de Cristo. Nunca se cometió un mayor error.

CRUZADAS A TIERRA SANTA

El primer resultado de esta idea, de que es válido que la iglesia use la fuerza, fueron las Cruzadas. Para esta época, los lugares santos, incluida Jerusalén, estaban en manos de los musulmanes. El papa, alentado por otros, decidió que la iglesia se abriría paso y capturaría la Tierra Santa para Cristo. La primera cruzada nació en 1095. Fue idea de Hildebrando, pero él murió antes de que pudiera llevarse a cabo. Sin embargo, incluso durante su vida, algunas personas se habían puesto en marcha.

Así como hoy la gente tiene la manía de marchar ("camino tantos kilómetros y me patrocinas", etc.), ¡entonces se consideraba que esa era *la* causa por la que había que marchar! Había marchas a favor de esta causa por todas partes. Uno caminaba porque hacía una cruzada. Uno llevaba una "cruz" sobre los hombros, que se llamaba "crux-aid", y de ahí viene la palabra "crusade" (cruzada).

Se marchaba detrás de estos estandartes o con estas cosas sobre los hombros, como charreteras.

La primera cruzada fue organizada por un predicador desaliñado, grosero y fanático llamado Pedro el Ermitaño. Partió con 600.000 hombres y solo llegó una décima parte de ellos. La mayoría murió en las altas montañas de Turquía. Pero llegaron. Tomaron Jerusalén, y la saquearon. Violaron a las mujeres, y establecieron el llamado "gobierno de Cristo" en Jerusalén, masacrando a todos los sarracenos de esa ciudad. ¿Ahora, es eso cristiano? Por supuesto que no. Fueron engañados, y miles de personas pensaron que esto era lo que la iglesia debía ser, un imperio terrenal, estableciéndose por la fuerza. Hubo incentivos. Se les ofreció la absolución de sus pecados si iban y luchaban por Cristo. Se les ofreció indulgencias, tantos años fuera del purgatorio, en el que ahora se creía. Se les dijo que sus deudas serían canceladas por ley, si iban. Se les dijo que había perdón para los criminales que dejaran la cárcel para ir a luchar. Puede imaginar el tipo de grupo variopinto que resultó.

Felipe de Francia se vio envuelto en ello, al igual que el rey Ricardo (Corazón de León) de Inglaterra. Ocho veces los cruzados partieron para ir a tomar ese lugar. Todavía se pueden ver las ruinas de los castillos de los cruzados por toda Tierra Santa: Acre, Monte Hermón, ahí están. Fue el mayor de los desastres. Una de las cruzadas fue una cruzada de niños, y dos mil pequeños salieron a marchar a través de Europa para tratar de recuperar la Tierra Santa para Jesús. Ninguno de ellos llegó. El papa dijo: "Si van, tendrán comida proporcionada milagrosamente por ángeles", pero la comida nunca llegó y los ángeles nunca aparecieron. Es la historia más increíble, que debería leer si quiere entender el trasfondo de la Reforma.

¿Cuál era la falla básica? La respuesta es que se pensaba que uno establecía el reino de Cristo por la fuerza física.

Se fundaron los Caballeros de San Juan de Jerusalén, los Caballeros Templarios, órdenes de caballeros cristianos. Todo sonaba grandioso, y valía la pena marchar por ello. Atrapó la imaginación de los jóvenes que partieron, por miles, a su muerte.

La última cruzada fue un fracaso absoluto. En la esplanada de los Cuernos de Hattin, el último ejército de cruzados murió de sed, asediado por los sarracenos. Así que en 1270 Europa respiró aliviada porque el papa canceló todo el asunto. Es una de las más tristes historias de la iglesia. No logró nada. De hecho, hizo algo peor que nada.

De usar la fuerza fuera de la iglesia, el papa ahora decidió usar la fuerza dentro de la iglesia, y comenzó otro capítulo espantoso.

LA INQUISICIÓN

No me atrevo a entrar en la descripción de las cosas que se hicieron en nombre de Cristo. Los obispos se negaron a poner en marcha esta espantosa máquina de crueldad, malicia y sospecha para obligar a la gente a seguir la línea cristiana, pero los dominicos la asumieron y, durante muchos años, muchas personas pasaron su vida atemorizadas por esa cosa espantosa, la Inquisición.

En todo momento, lo que estaba mal era que la iglesia se consideraba a sí misma como un imperio terrenal en el que era válido usar la fuerza para establecer la causa de Cristo. Ahora sabemos que esta no es la manera de hacerlo. Sabemos que la iglesia no debe usar ninguna otra fuerza aparte del amor, y nunca debe forzar a nadie, excepto a través del amor y de la predicación del evangelio, a aceptar a Cristo. Por supuesto, este tipo de corrupción pronto se vuelve contra sí mismo. "El poder tiende a corromper", dijo Lord Acton, "y el poder absoluto tiende a corromper absolutamente". (Por cierto, esa es la cita correcta de sus palabras). Y corrompió. Muy pronto, el papa se convirtió en dos papas, y había dos luchando por el trono. Luego tres papas, y la gente se preguntaba adónde iba el mundo. Había un papa en Avignon (*Sobre el puente de Aviñón*). Ahí estaba el papa. Estaba el pontífice en Avignon, ¡no sólo el "puente" (pont)! Allí estaba. Y había un papa en otro lugar, había un papa en Roma. ¿Quién es el papa ahora? Es que este tipo de comportamiento pronto lleva a este tipo de desintegración. Lograron juntar el papado, pero luego la corrupción comenzó a bajar más.

Los monasterios se corrompieron. Se volvieron demasiado ricos. Los obispos se volvieron demasiado poderosos. Las parroquias se corrompieron, y las prácticas de la religión cristiana ordinaria se corrompieron. Había oraciones a María. Nunca se nos dijo que oráramos a María. Ella fue un ser humano como el resto de nosotros. Había oraciones para los muertos. Había oraciones a los santos. Estaba la doctrina que causaba el mayor temor, la doctrina del purgatorio, cuántos años de sufrimiento uno tenía después de la muerte. Estaba la doctrina de la "misa", el "sacrificio", así llamado, de la Cena del Señor, ofrecido por el sacerdote. Existía la confesión al sacerdote. Existían las indulgencias, de modo que por una suma de dinero se podían comprar tantos años de liberación del purgatorio. Había peregrinaciones. Existía el culto a las reliquias. Había imágenes en el culto. Nada de esto estaba en el Nuevo Testamento. Pero cuando tal corrupción se instala, todo parece ir mal. Cuando tal poder y riqueza llegan a la iglesia, no pasa mucho tiempo antes de que el culto y otras cosas sean destruidas.

¿Cuál era la falla básica detrás de todo esto? ¿Qué estaba mal? Se lo diré en una frase: la iglesia había empezado a pensar que ella era Cristo, y lo sigue haciendo hoy.

Le pregunté a un importante sacerdote: "¿Sigue siendo

así?". Y me dijo: "Sí, eso no va a cambiar". Estaba preguntando sobre el Concilio Vaticano y lo discutí con él. Le dije: "Mire, mi única diferencia, mi único problema es éste: que no creo que la iglesia sea Cristo, y no creo que sea profeta, sacerdote y rey. Yo creo que Jesús lo es".

Me dijo con toda franqueza: "No vamos a discutir eso, ni tampoco lo hará el Concilio Vaticano, porque eso no va a cambiar nunca".

Esta es la falla básica: si creo que soy el profeta del mundo, entonces puedo decirle al mundo lo que tiene que creer y puedo decir, infaliblemente, lo que es verdad. Si soy el sacerdote del mundo, puedo decir: "Tienes que venir a mis sacramentos, tienes que confesarte conmigo si quieres encontrar la salvación". Y si creo que soy el rey del mundo, entonces estableceré mi autoridad tan ampliamente como pueda.

Es una confusión entre la cabeza y el cuerpo de la iglesia. La cabeza es divina. El cuerpo es humano. Es Cristo quien es la cabeza, y es él quien es el profeta, el sacerdote y el rey. La iglesia no lo es. Esa es la diferencia básica entre el protestantismo y el catolicismo, una diferencia tan grande hoy como siempre, y no hay ningún cambio en la situación. No se ha movido ni un ápice en este sentido.

Fue durante la Edad Media cuando el papado comenzó a considerarse a sí mismo como profeta, sacerdote y rey, y como vicario de Cristo en la tierra, de modo que cuando el papa habla desde su asiento, es Cristo quien está hablando. Esto es la cosa fundamental. Lo digo con amor, pero esa sigue siendo la cuestión. No ha cambiado ni un ápice y sigue siendo la mayor cuestión a afrontar. Un libro que lo deja claro es el de un italiano, Vittorio de Subilia, titulado *El problema del catolicismo*. Se lo he prestado a sacerdotes y me han dicho con toda franqueza, cuando lo han leído: "Es un buen libro. Es el mejor libro protestante que hay sobre

Roma". Eso es lo que han indicado las reseñas en la prensa católica romana. Un comentario fue: "Es el mejor libro protestante sobre Roma que ha habido, y es absolutamente preciso en cuanto a lo que creemos. No cambiaremos lo que creemos. Esto es así".

La iglesia no es Cristo. Por lo tanto, la iglesia no es el Rey; la ciudad de Dios es algo cuyo constructor y hacedor es Dios, no el hombre. Cristo dijo: "Yo edificaré mi iglesia". No dijo: "Constrúyanla *ustedes*". Cristo es la cabeza de la iglesia y nadie más es la cabeza, y nadie más debe serlo. Aun en una iglesia local, el pastor puede tratar de ser la cabeza de la iglesia; los ancianos pueden tratar de ser la cabeza de la iglesia. Pero mi oración es que el gobierno de cada iglesia esté sobre el hombro de *él* y que Cristo sea la cabeza. No hay otro, y nunca podrá haberlo. Cuando la iglesia empieza a comportarse como si fuera Cristo, entonces entran estas cosas.

Ahora bien, me alegra decir que hubo protestas, y durante toda la Edad Media, desde el año 1000 hasta el 1500, hubo gente que dijo: "¡Esto no es verdad! Esto no es cristianismo. Esto no es lo que Jesús quería que sucediera". Estos pequeños grupos fueron conocidos bajo varios nombres. Solo quiero mencionar cuatro para darles una idea.

Estaban los begardos, de los Países Bajos. Eran personas que se reunían en torno al libro y decían: "Cristo es la cabeza de nuestra iglesia". Luego estaban los valdenses, llamados así por el valle valdense en el norte de Italia, donde comenzaron. Los valdenses dijeron: "Creemos que este libro, las escrituras, nos dicen lo que Jesús quería que fuera la iglesia". Fueron al papa y le dijeron: "Esto es lo que vemos. ¿Podríamos ser reconocidos como parte válida de la iglesia si practicamos este libro?". ¿Podrían haber hecho más? Querían permanecer en la iglesia romana, pero querían seguir este libro. El papa dijo: "No, si hacen lo que pretenden hacer, los perseguiremos". Y lo hicieron. Los valdenses huyeron de un valle a otro.

El siguiente grupo fueron los albigenses, en el sur de Francia. Ellos leyeron la Biblia y dijeron: "Ahora vemos cómo debe ser la iglesia y cómo deben ser los cristianos". Me temo que la campaña más sangrienta que se promulgó desde el papado fue contra estas queridas personas, los albigenses. Pero hubo dos nobles españoles, enviados por el papa, para darles muerte. Volvieron al papa y dijeron: "Estos son buenos cristianos. No son criminales. No están luchando contra usted. Quieren estar en la iglesia. Quieren practicar su comprensión de las escrituras". Esos dos hombres, uno de los cuales se llamaba Domingo, dijeron: "Trataremos de llevar esto dentro de la iglesia", y comenzaron los dominicos (la Orden de Predicadores). Eran una copia de los albigenses. Es una tragedia que, más tarde, los dominicos se corrompieran tanto que estuvieran dispuestos a hacer la Inquisición.

Había otros. Estaban los Hermanos de la Vida Común, en Alemania. Todos estos eran independientes de la jerarquía católica romana. Basaban todo en la Biblia, en el idioma del pueblo, y todos fueron perseguidos hasta la muerte. La verdadera iglesia siempre ha sido perseguida.

Ahora bien, entre los que dentro de la iglesia vieron esto también hubo gente que se retiró y lo vio en forma privada. Bernardo de Claraval fue uno de ellos. Era un joven muy serio, aunque en su juventud había sido el cabecilla de una banda de ladrones. Pero, después de haber sido prisionero de guerra durante dos años en las guerras de Italia, volvió en sí. Se dio cuenta de que estaba desperdiciando su vida y se convirtió en un hombre serio. Hijo de un barón francés, se alejó de sus riquezas y se fue con doce amigos a un valle lleno de ladrones en el sur de Francia. Allí vivió una vida terriblemente pobre, comiendo hojas de haya cocidas y hierbas. Hacía que sus amigos se levantaran a las dos de la mañana para orar. No les permitía dejar de trabajar hasta las ocho de la noche, y construyeron una comunidad en el valle de Claraval. Bernardo se convirtió en uno de los cristianos más poderosos de Europa. Incluso eligió a un papa. Lo hizo sin ningún cargo, sin dinero, sin ninguna fuerza material o psicológica. Lo hizo porque era un gran cristiano. La gente acudía a él de todas partes y le pedía consejos. Luego salía a predicar por todas partes. Bernardo de Claraval se convirtió en un hombre muy grande, un hombre influyente, debido a su carácter moral. Más tarde se lo llamó "el hacedor de papas" porque puso a Inocencio III en el trono papal. En privado, amaba a Jesús. Martín Lutero dijo una vez: "De todos los monjes y sacerdotes de la historia, tengo la mayor estima por Bernardo de Claraval". Desgraciadamente, en público, se sintió obligado a apoyar el papado, y alguien ha dicho sabiamente: "Retrasó la Reforma por lo menos dos siglos". Me temo que este hombre, con su maravilloso amor privado por el Señor, retrasó públicamente lo que podría haber ocurrido.

Francisco, casi contemporáneo, nacido en la pequeña ciudad de Asís, fue un hombre del que habrá oído hablar. Se enfrentó a la vida al encontrarse con un mendigo, un leproso, en la calle, y pasó por delante de ese leproso, al otro lado. Mientras pasaba de largo, pensó: "¿Qué clase de hombre soy para alejarme de mi prójimo?", y volvió y besó al leproso. Francisco empezó entonces a tomarse la vida en serio; buscó a Cristo, y lo encontró. Reunió a su alrededor a una serie de amigos que salieron, de dos en dos, en la más absoluta pobreza, a predicar el evangelio, ganando gente para Cristo. Aunque se le recuerda más por su extraordinario trato con los animales y los pájaros (y su amor por la naturaleza era único), Francisco debería ser recordado como el primer misionero entre los musulmanes.

Arriesgando su vida, se dirigió al mismísimo sultán, el jefe de los musulmanes, para predicar el evangelio de Jesucristo. En lugar de ir con un ejército de 600.000 soldados a luchar contra ellos, Francisco fue solo, en la pobreza, a predicar el amor de Jesús.

Estos hombres se destacan. Francisco y sus seguidores vestían túnicas grises y se les conoció como los Frailes Grises. Encontrará el nombre Greyfriars (frailes grises) en calles de ciudades. Los dominicos llevaban túnicas negras, por lo que se los conocía como Frailes Negros. Encontrará el nombre de Blackfriars (frailes negros) en las calles de Londres. Los Greyfriars y los Blackfriars intentaron devolver la vida cristiana sencilla a la iglesia. Pero la triste historia es que ellos también fracasaron y se corrompieron. Los franciscanos se convirtieron en mendigos profesionales y los dominicos, como hemos señalado, dirigieron la Inquisición.

Toda la situación pedía a gritos que alguien dijera cuál era la verdad, y que la dijera tan bien que todo el mundo la oyera y entendiera. Un hombre llamado Arnaldo de Brescia, en 1150, comenzó a decir que la riqueza y el poder mundano no debían estar en manos de la iglesia. Pero, desgraciadamente, Bernardo de Claraval se opuso a él y lo hizo callar. Luego vino un hombre llamado Marsilio, un médico. Leyendo su Biblia, dijo: "La Biblia es la norma de la iglesia, y ninguna otra, y los obispos y papas son invenciones humanas". Pero fue silenciado. Un inglés que era profesor en la Universidad de París, un hombre llamado Guillermo de Ockham, dijo esto, y fue silenciado.

Finalmente, le tocó a un hombre de Yorkshire ser lo que se llama la "estrella de la mañana" de la Reforma. La estrella de la mañana es una que todavía se puede ver cuando el sol está saliendo. Llegó a Oxford como un estudiante brillante, se convirtió en profesor en Oxford, viajó mucho y fue apodado "Doctor Evangelicus". Puede adivinar por qué. Su nombre era John Wycliffe, y redescubrió la Biblia, supongo que más que nadie, hasta Martín Lutero. Él la transmitió y protestó contra el abuso papal.

Hubo cinco decretos del papado contra él. Se llamaban "bulas" en esos días. Lo llevaron a Canterbury y lo juzgaron, pero él recurrió a las escrituras, la única ley de la iglesia, y dijo: "Voy a poner esta Biblia, del latín, en inglés. Voy a hacer que los labradores conozcan este libro". John Wycliffe tradujo minuciosamente la Biblia, sabiendo que, si uno puede ponerla en manos de hombres y mujeres comunes, le ha dado la respuesta a toda la corrupción de la iglesia. Así que trabajó en esto y lo logró.

Reunió a su alrededor un grupo de predicadores que solían recorrer los pueblos muy sencillamente, con la traducción de la Biblia de Wycliffe, y predicaban en la plaza del mercado. Eran buenos cantantes también. Cantaban el evangelio. Dondequiera encuentre el evangelio realmente predicado, lo encontrará también cantado. Se los llamaba "los que cantaban canciones de cuna", los lolardos (de "lollard"; lollard y lullaby, canción de cuna, son la misma palabra.) Algo estaba sucediendo que iba a llevar a cosas tremendas.

Puede visitar Amersham. Suba por Station Road, gire a la izquierda a través de las casas y entre en el campo. Hay un monumento a las personas que fueron quemadas vivas por sus propios hijos. Fueron obligados a encender las hogueras y quemaron a sus padres hasta la muerte. ¿Por qué? Porque fueron sorprendidos en el bosque de Amersham leyendo sus Biblias. Fue el resultado de Wycliffe y los lolardos que eso ocurrió, y que el monumento está ahí arriba. Debería saber esto. Sucedió en los Chilterns, y Wycliffe fue a todas partes. Lo interesante es que murió predicando tranquilamente como rector de Lutterworth (ahora justo al lado de la M1, al sur de Leicester). Fui a esa iglesia en Lutterworth. Habría roto el corazón de John Wycliffe. Era más romana que Roma. Apenas podía ver por el incienso de la alta liturgia. Allí estaba el lugar donde Wycliffe predicaba la Palabra y condenaba la corrupción que había en la iglesia.

Ahora estaba en Oxford. Y había otra universidad en Europa que tenía un estrecho vínculo con Oxford, a saber, la Universidad de Praga. El rector de Praga era un pobre muchacho campesino que había ascendido por puro trabajo a ser el rector. También se llamaba Juan, (Jan) Huss. Huss oyó hablar de Wycliffe y comenzó a leer sus libros y a predicar lo mismo en Praga. Huss fue finalmente arrestado y el papa lo condenó a morir en la hoguera. Y los husitas fueron condenados a muerte.

Cuando llegó a Inglaterra la noticia de que el papa había quemado a Juan Huss, ¿saben lo que hicieron? Las autoridades eclesiásticas fueron a Lutterworth, desenterraron el cuerpo de Juan Wycliffe, lo quemaron en una hoguera y arrojaron las cenizas en el río Swift, en Lutterworth. Alguien dijo al respecto: "Como el río Swift llevará las cenizas al río Avon y como el río Avon llevará las cenizas al río Severn, y como el río Severn llevará las cenizas a los canales que rodean nuestras costas, y como esos canales llevarán esas cenizas a los océanos, así se extenderán las enseñanzas de John Wycliffe por todo el mundo". Fue una profecía asombrosa.

Ahora estamos al borde de algo emocionante. ¿No se emociona usted? Puede ver que esto no puede continuar para siempre. Tal abuso de la iglesia de Cristo no podía ser tolerado por hombres y mujeres. Estaban empezando a ver, y lo que les permitía ver era que comenzaban a leer la Biblia en su propio idioma. Dondequiera va la Biblia, hará esto. Pondrá las cosas en su sitio.

Ahora llego a mi último punto. La otra cosa que causó la Reforma no fue solo el abuso de la iglesia, sino que los hombres estaban entrando en una era de descubrimiento y estaban empezando a tener nuevas ideas.

Esto era cierto en el ámbito *material*. Cristóbal Colón descubría América, Copérnico descubría cómo la Tierra giraba alrededor del Sol, y no al revés, y Galileo ponía el telescopio ante sus ojos brillantes y miraba las estrellas. Comenzaba la era de la ciencia, en la que los hombres se cuestionaban las cosas.

Además, era una nueva era de descubrimientos en los ámbitos *mentales*: hubo un redescubrimiento de la literatura y el arte griegos. En las pinturas de Rafael se ve que aparece el redescubrimiento de la cultura antigua, porque Constantinopla había caído en manos de los turcos y los tesoros griegos del arte habían sido llevados a Italia. El nuevo arte y las nuevas ideas se estaban difundiendo.

Se había inventado la imprenta, y eso ayudó al nuevo aprendizaje. Uno de los nuevos grandes eruditos fue un hombre llamado Erasmo. Entre muchas otras cosas, comenzó a redescubrir el Nuevo Testamento griego y el Antiguo Testamento hebreo. Fue un redescubrimiento de cosas antiguas y nuevas. Erasmo dijo: "¡Voy a lograr un Nuevo Testamento tan preciso que hasta las mujeres, los escoceses, los irlandeses, los turcos y los sarracenos podrán captar el mensaje!". Con todas las debidas disculpas, fue lo que dijo. Así que produjo un Nuevo Testamento preciso. En lugar de la palabra "penitencia", apareció "arrepentimiento", y se corrigieron muchas cosas que estaban mal en la Biblia que tenían.

En todo este tremendo descubrimiento de cosas mentales, del arte y la música, de la escultura, todo lo que llamamos el Renacimiento, descubrieron que, si la gente es intelectualmente mejor, no es moralmente mejor. Era la época en que los papas llenaban su palacio de tesoros artísticos y era la época de César y Lucrecia Borgia, la familia papal más inmoral que ha habido.

El Renacimiento fue algo puramente mental y cultural. No cubría la necesidad del pecado. El mundo entero estaba esperando que un hombre volviera a descubrir la salvación, que un hombre se enfrentara al problema moral de la raza humana, de la iglesia en el mundo, un hombre que fuera a la Biblia y, a partir de su propia experiencia del pecado y la salvación, redescubriera el secreto del poder cristiano para cambiar el mundo y cambiar a los hombres en él. Ese hombre fue un monje, Martín Lutero. Hizo el descubrimiento más importante del siglo XVI, y lo hizo público, y arrastró a miles de personas a la verdad de Jesucristo. Fue algo dramático. El Renacimiento fue mental, pero la Reforma fue moral. Abordó el verdadero problema, que no es nuestra falta de conocimiento, no es nuestra falta de ciencia, no es nuestra falta de música, o de arte y cultura, aunque esas cosas son útiles. Lo que el hombre necesitaba descubrir era que nos faltaba Jesucristo y el evangelio de la salvación.

5

LA REFORMA

El 31 de octubre de 1517, Martín Lutero clavó sus 95 proposiciones, o *tesis*, para que se discutieran, en la puerta de la iglesia de Wittenberg, una puerta que se utilizaba como tablón de anuncios para provocar el debate público. Esa suele considerarse la fecha del inicio de la Reforma. Algunos piensan ahora que fue el 1 de noviembre. O bien fue esa noche sagrada de Halloween (la víspera del Día de Todos los Santos), o bien fue el propio Día de Todos los Santos. Pero en algún momento de esa semana ocurrió. Una fecha que me parece aún más importante es el 15 de junio de 1520, cuando Lutero hizo una hoguera, y en esa hoguera puso tres cosas: un pergamino en el que estaba la firma del papa, que lo excomulgaba de la iglesia; un libro, titulado *Derecho Canónico*, que era el libro por el que debía vivir como monje y como sacerdote; y un documento que ahora sabía que era falso, que expresaba las pretensiones del papado de representar a Cristo en la tierra.

Ahora bien, esa hoguera fue aún más significativa que el clavado de la hoja en la puerta de la iglesia por la siguiente razón. En los tres años intermedios, Lutero había llegado a plantear la pregunta correcta, que no se había planteado cuando clavó aquella hoja. En la ocasión anterior no atacaba el *sistema*, sino su *abuso*. Pero en 1520 estaba haciendo una hoguera del sistema.

Permítame decirlo de esta manera. Imagine que al menos algunas personas de un país están un poco insatisfechas con el gobierno de ese país. Ahora deben preguntarse: "¿Se debe eso a las personalidades que dirigen el gobierno, o se debe al sistema de gobierno?". ¿Cuál está mal? Esa es la gran pregunta. Es algo que necesita ser preguntado tanto en la iglesia como en la política.

Cuando Lutero clavó sus tesis, suponía que el sistema estaba bien, y una de sus tesis decía lo siguiente: "Si el papa supiera cómo los vendedores de indulgencias desuellan a su rebaño, preferiría que la iglesia de San Pedro se redujera a cenizas antes de que fuera construida con la piel y los huesos de sus ovejas". El pobre hombre fue rápidamente desilusionado por el propio papa, quien al enterarse de que el dinero que llegaba de Alemania había descendido a un tercio de su cantidad anterior, excomulgó a este hombre por causar esta reducción en las finanzas. El papa prefería que se construyera San Pedro con la piel y los huesos. Lutero se equivocó. Esto le hizo preguntarse: ¿es el *sistema* el que está equivocado? Llegó a la conclusión de que sí. Así que Lutero hizo una hoguera en 1520, que fue la verdadera ruptura. Antes de eso, estaba tratando de hacer una limpieza general de la iglesia. Tres años después comenzó a demolerla. Antes de eso, pensaba que todo lo que se necesitaba era una reforma. Ahora vio que se necesitaba mucho más que eso.

Ahora quiero preguntar: ¿Es la Reforma un tema muerto? ¿Ha quedado obsoleta? He orado para tener la santa audacia de abordar esta cuestión con justicia y franqueza. Permítame comenzar siendo franco. Una vez asistí a una reunión de ministros y miembros protestantes locales. Y su servidor, que siempre está abriendo la boca y metiendo la pata, mencionó la Reforma, y se le informó en términos inequívocos de que esto era más que una metedura de pata en tal situación. A los protestantes no les importa ahora la Reforma. Es un pedazo de historia muerta, y no está bien visto hablar del tema en círculos protestantes. Me fui con una reprimenda por haberme atrevido a mencionar la Reforma entre protestantes.

Pero tuve el privilegio de ir a visitar un seminario católico romano para formación de sacerdotes en Arklow, en el extremo sureste de Irlanda, y hablar con los tutores y profesores de ese instituto sobre (entre otras cosas) la Reforma. Querían escuchar lo que yo pensaba al respecto, y discutirlo en un foro abierto. Les dije: "Creo que las cuestiones que se plantearon entonces siguen vivas, y que aún no se han resuelto".

Me dijeron: "Eso es exactamente lo que pensamos nosotros también".

Tuvimos una discusión muy amistosa. Terminamos con un buen té y volví a casa, después de tres horas hablando juntos. ¡Es una situación extraordinaria cuando puedo hablar de la Reforma con católicos romanos, pero no con protestantes! Esta es una pista de la respuesta definitiva que quiero dar a esta pregunta: ¿es la Reforma un pedazo de historia muerta? ¿Ha pasado de moda? Mi respuesta, en pocas palabras, ¡es que no está pasada de moda! Pero, como no estamos luchando contra personas sino contra principios, debemos identificar dónde está la línea de batalla, y la línea del frente está ahora dibujada de manera muy diferente a los días en que vivió Martín Lutero.

Permítame decir que, durante esos tres años, Lutero fue un hombre que había llegado a tener sus prioridades correctas. Hay siete prioridades donde acertó, siete cosas que tenía en segundo lugar y que puso en primer lugar. Creo que todo cristiano hoy necesita tener estas prioridades correctas, tanto como él.

1. ANTEPUSO LA *CONCIENCIA* A LA *AUTORIDAD*

El mundo siempre ha sido cambiado y dirigido por hombres que anteponen la conciencia a la autoridad. El mundo no está dirigido por medusas que no tienen columna vertebral y van a la deriva con la marea. El mundo siempre ha sido dirigido por personas que tienen el valor de sus convicciones y que, cuando algo está mal, se atreven a decirlo, y a decirlo claramente, con justicia y con amor. Lutero fue una persona así.

Ahora es difícil para nosotros, que vivimos en una sociedad en la que la libertad de conciencia se da por sentada, darnos cuenta de lo que es vivir en un país donde no es así, donde uno no puede creer lo que le dice su conciencia y seguir la religión que le dice su conciencia. Pero tal vez la mitad del mundo vive en esas condiciones, en lo que llamamos un estado totalitario, en el que el estado reclama un control total sobre las personas, tanto sobre sus mentes como sobre sus cuerpos. En la Gran Bretaña del siglo XX tendemos a dar por sentado el derecho a la libertad de expresión, pero lo que tenemos que recordar es que Martín Lutero se crio en un mundo en el que no se permitía a la gente pensar tan libremente como les dictaba su conciencia.

El mundo empezaba a abrirse. Si quieren saber el tipo de mundo en el que fue educado, estudien la trágica historia de Galileo que, a través de su telescopio, descubrió cosas sobre el universo. La iglesia dijo: "¡No debes creer eso! Y no debes enseñar eso. Te diremos lo que es verdad sobre el universo". No era un mundo en el que el estado dijera esto; era un mundo en el que la iglesia decía: "Esto es lo que crees; así es como te comportas". Lutero aparece como un gigante de hombre, porque fue uno de los que dijo: "Mi conciencia está por encima de toda autoridad que se ejerce sobre mí. Aquí me planto. No puedo hacer otra cosa. Que Dios me ayude, amén". ¿Pero qué precedió a esas palabras?

Dijo: "¡No es seguro ni honesto ir contra de la propia conciencia!". He aquí un hombre que puso su conciencia en primer lugar. El mundo sigue necesitando personas que antepongan su conciencia a cualquier tipo de presión social. Su pequeño tratado sobre la libertad cristiana revela, más que ninguna otra cosa, su creencia en la libertad de una persona para seguir su propia conciencia en materia de religión y creencia, una libertad que a menudo damos por sentada, pero de la que la mayoría de la raza humana aún no disfruta.

Incluso los inconformistas de hoy parecen conformarse. Somos guiados tan fácilmente. Somos presionados tan fácilmente. Los jóvenes que están en contra de lo establecido, obsérvenlos, ¡se conforman entre sí tan fácilmente! Lo que necesitamos son verdaderos inconformistas que digan: "Aquí estoy yo. No me importa la presión que se ejerza sobre mí. Esto es lo correcto y lo haré independientemente de lo que piensen, digan o hagan los demás. Aquí me planto". Martín Lutero fue un hombre que antepuso su conciencia a la autoridad y a cualquier otro tipo de presión que se ejerciera sobre él.

2. ANTEPUSO LA *VERDAD* A LA *UNIDAD*

La conciencia es una cosa voluble; podría llevarlo por el mal camino, a menos que tenga esta segunda prioridad. Lutero fue un hombre que antepuso la verdad a la unidad. Su conciencia no era libre de seguir cualquier capricho, deseo o afecto tornadizo de su propio corazón. Su conciencia estaba cautiva. Dijo: "Mi *conciencia* está cautiva de la *Palabra de Dios*". Cuando dijo eso, estaba anteponiendo la verdad a la unidad.

¿Se da cuenta de que, en Europa Occidental, durante casi 1.000 años, solo hubo *una* denominación principal, una iglesia? Y una de las acusaciones hechas contra Lutero, y frecuentemente, en los últimos diez años, ha sido esta: él fue culpable del crimen de dividir la iglesia. Fue un cismático, y una de las peores cosas que hizo fue que dividió la iglesia de Jesucristo. La gente dice esto hoy más que nunca. Quiero elogiar a Martín Lutero por anteponer la verdad a la unidad y por decir que hay una cosa aún más importante que mantener unida a la iglesia, y es la *verdad*. Se dio cuenta de que lo que salva a los hombres y mujeres no es la unidad de la iglesia, sino la verdad del evangelio. Aunque se unan todas las iglesias mañana, eso no aumentará el número de personas que se salvan. Lo que realmente se necesita es que se predique la verdad del evangelio en esas iglesias. En otras palabras, la verdad viene antes que la unidad.

Ahora puedo decir que estamos desesperadamente necesitados de esto hoy, ¡porque la palabra clave es *unidad*! La causa popular es la unidad, y si uno no se sube a esa causa, será extremadamente impopular. Es el grito de un mundo que se está encogiendo por el transporte y la expansión de la población. Ahora sabemos que tenemos que aprender a vivir juntos. Desde el punto de vista político, comercial y de otro tipo, la *unidad* es el grito de nuestra época. Y la iglesia parece haber recogido el eco de este grito y está gritando: "¡Unidad, unidad, unidad!".

Quiero decir, muy enérgicamente, que nuestro día está pidiendo a gritos hombres y mujeres que antepongan la verdad a la unidad y digan: "Tendremos unidad sobre *una* base, que es la verdad del evangelio". Si tenemos esto, queremos tanta unidad como sea posible, pero si no lo tenemos, no nos interesa la unidad. Esa era la posición de Martín Lutero. Dijeron: "Mira, vas a dividir una iglesia que ha sido una durante mil años. ¿No lo sientes? Retráctate y deja la iglesia intacta. Si sigues así, la romperás". Pero Lutero dijo que estaba cautivo de la Palabra de Dios y que la verdad era lo primero. La verdad del evangelio era incluso más importante que la unidad de la iglesia. En mi opinión, eso es lo que se necesita hoy, unos quinientos años después, cuando hay un tremendo clamor por la unidad, creo que a expensas de la verdad. ¿Qué es la verdad? Eso nos lleva a nuestra tercera prioridad. ¿Dónde se encuentra la verdad? ¿Cómo sabe que él la tiene, o que usted la tiene o que otra persona la tiene? ¿Dónde está esa verdad sobre la que podemos construir nuestra unidad?

3. ANTEPUSO LA *ESCRITURA* A LA *TRADICIÓN*

Tal vez le sorprenda saber que recién cuando Martín Lutero tuvo veinte años consiguió una Biblia para leer por sí mismo, aunque fue criado como un miembro devoto de la iglesia y estaba preparado para una vida santa. Cuando la leyó, descubrió con asombro que mucho de lo que le habían dicho que era una parte vital de la creencia y el comportamiento cristiano no se encontraba en ese libro. Lo examinó de cabo a rabo y pensó: "Aquí no hay nada sobre orar a María. No hay nada sobre orar a los santos. No hay nada sobre reliquias e imágenes. No hay nada sobre el purgatorio. No hay nada aquí sobre la penitencia". Así que siguió y comenzó a preguntar: "¿De dónde vinieron todas estas cosas?". Recibió la respuesta oficial: "Estas son las tradiciones de la iglesia, que son tanto la Palabra de Dios como ese libro".

Aquí se enfrentó a un dilema. Se enfrentó a dos "palabras" de Dios: una escrita y otra hablada, una escritura y otra llamada tradición. Se le dijo: "Ambas son la verdad y debes aceptarlas". Pero Lutero llegó a la posición de decir: "Esta es la verdad y cada tradición de cada iglesia que haya existido debe ser llevada a la piedra de toque de esta verdad y probada por ella". Cuando hizo eso, comenzó a desechar la tradición.

Todos somos criaturas de la tradición. Nuestras iglesias tienen sus propias tradiciones. Tenemos tradiciones no bíblicas en nuestras iglesias. Cada iglesia desarrolla su tradición que es transmitida fielmente a los nuevos miembros, dando por sentado que tiene la misma sanción que todo lo que hacemos y decimos en la iglesia. Pero no es así. Y las tradiciones de una iglesia determinada deben ser siempre puestas bajo la Palabra de Dios, la escritura antes que la tradición. Necesitamos esto desesperadamente hoy, porque creo que necesitamos cambios en nuestras iglesias y los cambios deben ser regidos por esto: ¿Qué dice la Palabra de Dios al respecto? Esa es la constitución de toda iglesia que se atreve a nombrarse según Cristo. Es por la Escritura que ponemos a prueba toda nuestra tradición.

Conocí a un hombre llamado Edoardo Labanchi.[1] Había sido profesor de Teología del Nuevo Testamento en un instituto de Roma que formaba a la "flor y nata" de los sacerdotes de Roma: los jesuitas. Ese hombre había sido un misionero romano en Sri Lanka, donde se había introducido en una iglesia pentecostal que le hizo empezar a pensar. Volvió a Roma y enseñó el Nuevo Testamento. Pero llegó un momento en que, estudiando las escrituras, al igual que hizo Lutero (que también era profesor de teología) siglos antes, llegó a la conclusión de que no podía seguir enseñando a los alumnos que algunas cosas eran palabra de Dios y la verdad misma cuando no estaban en este libro. Ese hombre se hizo echar de ese trabajo por sus enseñanzas. Pasó a entrenar evangelistas en Roma para ir por toda Italia. Fue este libro que lo hizo y llegó a la misma posición: la escritura antes que la tradición. Cada tradición que tenemos debe ser probada por la verdad de la Santa Palabra de Dios. Necesitamos hombres que tengan esa prioridad.

---

1 Edoardo Labanchi - lea su testimonio en el libro *Far from Rome, near to God* (Banner of Truth).

El Consejo Británico de Iglesias de Nottingham dijo una vez: "Podemos resolver esta cuestión desde una iglesia unida". Me encantó cuando la Unión Bautista, la única entre las denominaciones de Inglaterra, respondió: "No, primero debemos resolverlo y luego unirnos". Eso es anteponer la verdad a la unidad y anteponer las escrituras a la tradición. Nunca llegaremos a ninguna parte si intentamos unir las tradiciones. Son demasiado diferentes. Están demasiado mezcladas. Cuando digamos "la Escritura primero" y nuestras tradiciones en segundo lugar, entonces creo que llegaremos a alguna parte.

4. ANTEPUSO LA *FE* A LAS *OBRAS*

La pregunta más importante que podemos hacer jamás es la siguiente: ¿cómo me arreglo con Dios? ¿Cómo consigo el perdón de mis pecados? Si nunca se ha preocupado por la cuestión de cómo conseguir el perdón, ¿cómo espera enfrentar a Dios? Lutero estuvo a punto de perder la vida en una tormenta eléctrica y eso le hizo tener miedo a morir. Le dio miedo enfrentarse a Dios porque no había conseguido el perdón de sus pecados. Intentó desesperadamente encontrar la forma de lograrlo. Fue un problema real para Lutero y es un problema real para todos, porque todos tenemos que morir y después de eso está el juicio. ¿Cómo se consigue el perdón? Cuando Juan Tetzel apareció vendiéndolo en forma de indulgencias, Lutero estaba seguro de que ese no era el camino. Dijo que no se podía comprar el perdón. Pero luego dio un paso más y se dio cuenta de esto: si no podemos comprar el perdón, tampoco podemos ganarlo.

No creo que a un cristiano se le ocurra alguna vez decir que se puede comprar con dinero el perdón de Dios. ¡Pero me pregunto cuántos siguen pensando que se lo pueden ganar! Sé que hay cientos de personas en muchas comunidades que piensan que pueden hacerlo. Me lo han dicho. Dicen: "Bueno, nunca he hecho daño a nadie y he intentado hacer algo de bien". Y, si preguntamos: "¿Por qué dices eso?", es porque esperan haberse ganado el camino al cielo. Ahora bien, si le preguntamos al mundo cómo se salva y llega al cielo, nos dirán: "Hay que hacer buenas obras". Si le hubiéramos preguntado a la iglesia de la época de Lutero, habría dicho: "No, eso no es suficiente. Necesitas dos cosas. Necesitas creer y necesitas hacer buenas obras". Si le hubiéramos hecho la pregunta a Martín Lutero, habría dicho: "No, solo una cosa: necesitas creer".

Ahí estaban las tres respuestas. Todas las religiones entran bajo uno de esos tres grupos, y el cristianismo entra en el tercero: "Cree en el Señor Jesús y serás salvo". Lutero acertó en esa prioridad: la *fe*. No somos salvos por una mezcla de fe y buenas obras, y ciertamente no somos salvos por buenas obras, porque, francamente, ¡no hay una persona en el mundo que pueda hacer suficientes buenas obras!

Pero el manifiesto de la Reforma que salió del Antiguo Testamento al Nuevo y de ahí a Martín Lutero fue este: "El justo vivirá por la fe". Ese es el manifiesto. No por buenas obras, no por fe y buenas obras, sino por fe, y punto. Esta etiqueta latina *sola fide*, que significa *la fe sola*, se convirtió en la gran bandera de la Reforma. La fe sola. Una persona cree y va al cielo.

En este punto alguien dirá: "Bueno, seguramente las buenas obras tienen algo que ver con la vida cristiana". Sí, tienen que ver, y Lutero se dio cuenta de ello, y lo expresó así (no creo que se pueda expresar mejor): "Somos salvos no *por* buenas obras, sino *para* buenas obras". Ahí está, en pocas palabras. No hacemos buenas obras para ir al cielo; hacemos buenas obras porque vamos a ir al cielo. Esa es una forma de pensar completamente diferente. Martín Lutero tenía su lugar para las buenas obras, pero no era para ganar el perdón, no era para llegar al cielo, era para expresar la fe que había abierto el reino de los cielos a todos los creyentes. De modo que acertó con esta prioridad: la fe antes que las obras.

¿Ha perdido vigencia esta cuestión? ¡Ni mucho menos! Si para a alguien por la calle y le pregunta: "¿Esperas ir al cielo, si es que existe el cielo?", descubrirá que esta cuestión sigue tan vigente como entonces. Verá que la respuesta del mundo es: "Haz buenas acciones. Sé amable con tu prójimo. Ayuda a los que sufren". Nuestro Señor nos dijo que hiciéramos eso, pero no dijo: "Así es como te ganas el perdón". No dijo: "Así es como se llega al cielo". La tragedia es que, en nuestros días, como en la época de Lutero, hay predicadores en las iglesias que dicen que se trata de una mezcla de fe más obras. Una de las últimas publicaciones de nuestra ya desaparecida Baptist Press era un libro de un teólogo que decía precisamente eso: que si estuviéramos de acuerdo con eso podríamos volver a unirnos a Roma, que somos salvados por la fe más obras. Pero somos justificados por la fe y tenemos paz con Dios. Lutero entendió bien sus prioridades. No somos salvados *por* buenas obras; somos salvados *para* buenas obras.

5. ANTEPUSO LA *GRACIA* A LOS *SACRAMENTOS*

Lutero fue educado para creer que había siete sacramentos. (Había habido catorce.) Se le dijo que todo el mundo necesita la gracia de Dios y que, si uno la quiere, la gracia de Dios ha sido distribuida en los sacramentos y si uno toma los sacramentos obtiene la gracia. Se había llegado a sostener que un sacramento funciona de manera automática, independientemente de quién lo administre y quién lo reciba, porque la gracia de Dios está en él. Así que existía la opinión "mágica" de que el bautismo, realizado a un bebé que no sabía nada al respecto, por un sacerdote indistinto, salvaba a ese bebé de la condenación.

Además, se creía que el pan y el vino, cuando se utilizaban en el culto cristiano, cambiaban en un momento determinado del culto y se convertían en el cuerpo y la sangre reales de Jesús, que luego eran ofrecidos como sacrificio, no sobre una mesa, sino sobre un altar por un sacerdote a Dios. Uno no tenía permitido tomar el cáliz, y si se tomaba la hostia, entonces automáticamente la gracia de Dios entraba en su vida.

Lutero pensó en ello y decidió que no podía creerlo. Sabía que la gracia de Dios era necesaria, pero no encontró nada en la Biblia que indicara que la gracia estuviera envuelta en sacramentos que operaban automáticamente. Empezó a darse cuenta de que, sin la fe, los sacramentos no sirven de nada, que sin la fe no hay gracia, que "por gracia ustedes han sido salvados mediante la fe"; no por los sacramentos, sino por la fe.

¿Se necesita hoy ese énfasis y esa prioridad? Creo que una cosa que mantiene a miles de nuestros compatriotas alejados de Cristo es que creen honestamente que su bautismo los salvó y los hizo cristianos. Estas opiniones supersticiosas y mágicas que se tenían de los sacramentos en la Edad Media no han muerto todavía. He conocido a mujeres que no salían de compras hasta que no tenían a su bebé "listo". Quiero decir esto: si no viene con fe a la mesa de la comunión, no hay gracia para usted en el pan y el vino. De hecho, podría ser peor que "ninguna gracia"; podría haber un juicio para usted. La gracia no se distribuye en los sacramentos. La gracia fluye como un río. Fluye libremente, y el creyente más simple que nunca ha sido bautizado y no ha tenido la Cena del Señor conoce la gracia de Dios. De lo contrario, tendría que creer que cientos de mis amigos del Ejército de Salvación no conocen la gracia de Dios, porque no tienen sacramentos. Pero sé que tienen la gracia. Siempre están cantando sobre ella y están encantados de saber que tienen la gracia de Dios. La gracia no se distribuye en los sacramentos sino que, para los que creen en Dios, la gracia opera.

Solo nos dio dos sacramentos el Señor Jesús, el bautismo y la Cena del Señor, dijo Martín Lutero. Para ser justos, Lutero nunca llevó esto a su conclusión lógica y se confundió un poco con el bautismo y la Cena del Señor, como tendrían que admitir sus amigos más cercanos. Sin embargo, lo que hizo fue tener las prioridades correctas: la gracia antes que los sacramentos. Si uno encuentra la gracia de Dios, los sacramentos significan algo.

6. ANTEPUSO LAS *PERSONAS* A LOS *SACERDOTES*

Lutero nació en una iglesia de carácter particular, una pirámide. En la base estaba la gente, y la parte superior (estaban divididos muy rígidamente) estaba compuesta por los sacerdotes. Dentro de ella había una jerarquía, una pirámide de poder. El papa estaba en la cima de la pirámide. Luego estaban los cardenales, los obispos, las distintas órdenes de monjes y descendía hasta el párroco.

Incluso los edificios de iglesia en los que se celebraba el culto estaban divididos. En un extremo estaba el sacerdote y en el otro, la gente. En un extremo se usaban togas romanas, ahora llamadas sobrepelliz, y todos en el otro extremo llevaban vestimenta ordinaria. Existía esta clara división en toda la iglesia: clero y laicos; sacerdotes y personas.

Cuando uno miraba a los sacerdotes, veía esta pirámide de poder que subía cada vez más. Lutero miró todo esto y dijo: "Voy a comenzar por la cima. ¿Qué justificación hay para que un solo hombre esté en la cima? Ninguna". Bajó un poco y dijo: "¿Qué justificación hay para los obispos?". Dijo: "Ninguna". Bajó un poco más y dijo: "Sacerdotes. ¿Qué justificación hay para los sacerdotes en las escrituras?". Y su respuesta fue: "Ninguna". Finalmente, llegó al más increíble pero maravilloso redescubrimiento, lo que él llamó el *sacerdocio de todos los creyentes*. Hizo sacerdotes a todas las personas y a todas las personas, sacerdotes. Vio que, de hecho, no había absolutamente ninguna división entre ellos. Vio que había diferencias de función en la iglesia, pero consideró que estas diferencias de función eran solo eso y nada más, ya que las diferentes funciones de las personas son como los órganos dentro del cuerpo. Así que los llamó ministros: los que ministran al cuerpo. Pero todo creyente es un sacerdote. Decir que no había un sacerdocio dentro de la iglesia cristiana sino solo personas que son sacerdotes, fue revolucionario. Por eso, aunque al principio de su vida, como profesor de teología católico romano, enseñaba la Biblia en latín a los sacerdotes, tres años después traducía ese libro al alemán común y vulgar para dárselo al pueblo.

Lutero era un hombre del pueblo por herencia, por entorno (su padre era un minero pobre). Pero Lutero era sobre todo un hombre del pueblo por convicción cristiana. Dijo: "Es el pueblo el que debe tener la Biblia, no los sacerdotes". Así que dijo: "Voy a dar esta Biblia en lengua alemana al pueblo de tal manera que una criada, barriendo una habitación con una escoba, sepa más de esto que los sacerdotes". Así lo hizo, dándoles la Biblia en su propio idioma. Trataba de ayudar a las personas a ser sacerdotes, y eso es un redescubrimiento de una posición del Nuevo Testamento en la que no hay sacerdotes más que cada creyente.

¿Es obsoleta esta protesta? Dos tercios de los cristianos profesantes del mundo siguen viviendo bajo el sacerdocio y bajo el control jerárquico. La protesta sigue siendo desesperadamente necesaria. Rompamos esta división entre clero y laicos, sacerdote y personas. No es una división bíblica. *Todos* somos ministros; *todos* somos miembros;

todos somos sacerdotes; *todos* somos personas. La palabra laicado significa *pueblo de Dios*. *Todos* somos el laicado y *todos* somos el sacerdocio y *todos* estamos en Cristo. Lutero pensaba en términos de una iglesia compuesta enteramente por personas, enteramente por sacerdotes, sin división y sin pirámide de poder. Yo diría de nuevo que es algo que se necesita desesperadamente hoy.

7. ANTEPUSO *CRISTO* A LA *IGLESIA*, LA *CABEZA* AL *CUERPO*

Esta era la gran cuestión, la gran pregunta. Recuerdo que un sábado por la tarde, mi tutor de Historia de la Iglesia me dijo: "¿Cuál crees *tú* que fue el mayor problema de la Reforma?". Se lo dije, y estuvo de acuerdo: "Fue que Martín Lutero cuestionó la idea de que Cristo y la iglesia eran la misma cosa". Cuestionó la idea de que la iglesia podía hacer por las personas lo que Cristo podía hacer por ellas. Cuestionó la noción misma de que la iglesia es Cristo y que el cuerpo cumple ahora las funciones de la cabeza. Permítame explicar lo que quiero decir.

Necesito un *profeta* que me diga infaliblemente la palabra y la verdad de Dios. ¿Quién es mi profeta? ¿La cabeza o el cuerpo? Lutero dijo: "La cabeza es mi maestro infalible", y los romanos dijeron: "No, el cuerpo es el maestro infalible". Y es esto lo que, más que nada, todavía nos divide: la creencia en una iglesia infalible.

Necesito un *sacerdote* para llegar a Dios. ¿Quién es mi sacerdote? Los reformadores decían: "Jesucristo, la cabeza, es mi sacerdote, y no necesito a ningún otro para acercarme a Dios", y todavía lo creemos: uno puede acercarse a Dios en cualquier momento a través de Jesucristo. Si tiene pecados que confesar, vaya a su sacerdote en el cielo y confiéselos. Pero los romanos dijeron: "La iglesia, que es su cuerpo, es mi sacerdote y debo confesar mi pecado al cuerpo".

Necesito un *rey* que reine sobre mí y me diga lo que debo hacer y controle mi comportamiento. ¿Quién es mi rey? La respuesta del protestante es: "El rey es mi cabeza en el cielo". La respuesta del romano es: "El cuerpo de Cristo en la tierra es el rey, y debe reinar".

Esta es la gran diferencia. Lutero vio directamente a través de esto y se atrevió a llamar al papado "anticristo". Ahora bien, comprendamos lo que quiso decir con eso, porque lo que dijo era absolutamente cierto. El no quiso decir que el papa estaba *contra* Jesús. No lo estaba. La palabra *anti* no significa *contra*. Quiere decir eso ahora en inglés/español moderno, pero no entonces. Y no significa eso en el Nuevo Testamento. Significa *en lugar de*. Cualquiera que se ponga en lugar de Cristo es *anti Cristo*. Lutero acusó a la iglesia romana de ser anticristo por este motivo. Dijo: "Es a Cristo a quien debemos ir, pero ustedes han dicho: 'Debes venir a través de nosotros´. Se ponen en el lugar de Cristo. El cuerpo está reemplazando a la cabeza".

En este punto volvieron a atacarlo con una afirmación muy importante. Dijeron: "¡Ah! Pero cuando la cabeza está en el cielo y alguien en la tierra quiere venir, ¿no tiene que venir a través del cuerpo? Por lo tanto, ¿no es la cabeza del cuerpo en la tierra (¡escuche atentamente!) el vicario de Cristo?". La palabra *vicario* significa *alguien que está en el lugar de otro*. *Vicario* significa *ser un sustituto de otro*. "Sin duda", dijeron, "Cristo tiene que transmitir desde el cielo a la tierra su enseñanza. ¿Cómo lo hace? A través de su vicario, que es el sucesor del papa en Roma". Lutero pensó en eso y llegó a esta conclusión bíblica. Sí, Cristo debe tener un vicario en la tierra para hablar por él, y ese vicario es el Espíritu Santo. El Espíritu Santo habla a las personas en nombre de Cristo.

Quiero resumir este punto diciendo lo siguiente: Martín Lutero prácticamente decía, y cualquiera que acepte el

Nuevo Testamento debe decir: "No tendré más sacerdote que Cristo ni más vicario que el Espíritu Santo". Esa fue la prioridad de la Reforma. Cristo, la cabeza, es el que salva. Si quieres el perdón de los pecados, yo no puedo dártelo. Tampoco puede hacerlo ninguna iglesia. Debes ir a Jesucristo, el sacerdote al que acudimos. Y debes ir porque el mismo Espíritu Santo, que nos ha hablado a nosotros, te ha hablado a ti.

¿Es esa protesta un poco de historia muerta o sigue siendo necesaria hoy en día? ¿Ha terminado la batalla? No. Entonces, ¿dónde se traza la línea del frente? Digo con toda honestidad ahora y con dolor en mi corazón que la línea del frente ya no es entre protestantes y católicos romanos. Por eso los que solo disparan en una dirección están desactualizados. La tragedia es que decenas y decenas de protestantes han equivocado sus prioridades en los últimos cien años y la batalla es ahora entre los evangélicos por un lado y muchos protestantes y católicos romanos por otro. Les doy aquí el juicio ponderado de un profesor francés que publicó un libro *The Heirs of the Reformation* (Los herederos de la Reforma) en el que escribe: "¿Quiénes son los verdaderos herederos de Martín Lutero? ¿Los protestantes de hoy? No. Sino los evangélicos que ponen la Escritura por encima de todo y que ponen a Jesucristo por encima de todos". Ahí es donde se libra la batalla y va a ser una batalla muy difícil. Pide hombres y mujeres que sigan diciendo: "Aquí me plant<o. No puedo hacer otra cosa".

Pero permítame decir dos cosas para terminar. En primer lugar, no estamos luchando contra personas. No estoy en contra de los católicos romanos ni de los protestantes. Estoy en contra de los "ismos". Estoy en contra de los sistemas. Quiero amar a las personas, sean quienes sean, como personas queridas por el Señor, como personas que quieren tener la verdad tal como es en Cristo

Jesús. En mi corazón hay amor por ellos, pero odio los sistemas que ciegan a la gente a la verdad y oro por una justa indignación que sea tan valiente en estos días como lo fue Martín Lutero en los suyos.

La otra cosa que quiero decir es esto, porque estoy seguro de que usted se lo está preguntando: ¿Por qué pelear, en un día en que la gente quiere estar junta? ¿Por qué discutir sobre estas cosas? Seguramente se trata de nimiedades doctrinales. ¿Por qué no unirnos todos? Después de todo, adoramos al mismo Dios. ¿Por qué seguir peleando en un día en el que la gente quiere la tolerancia más que la verdad, en un día en el que todo el mundo es tan amistoso y se une? ¿No es esto oscurantismo, no es volver a la Edad Media? ¿Por qué luchar? Porque *esta* es la verdad de Dios y no otra. Por eso. Porque está en juego la salvación de almas. Por eso. Si le decimos a un hombre que el bautismo lo salva, lo condenamos. Si le decimos a un hombre que si hace buenas obras llegará al cielo, lo estamos enviando directamente al infierno. Y, por más que sería bonito reunirse en la tierra con todo el mundo con cualquier o ninguna visión de Dios, es en el otro mundo donde tenemos que vivir para la eternidad y es el Dios de Jesucristo con quien tenemos que encontrarnos y es este Dios el que envió a Jesucristo como sacrificio por los pecados para ser el *único* sacerdote que necesitamos para llevarnos finalmente al cielo, salvados por su preciosa sangre. Es ese Jesús el que predicamos. Está en juego la salvación de almas inmortales. ¿Vale la pena luchar por eso? O prefiere tener en su conciencia que, en aras de la paz, permitió que la gente dijera, hiciera y pensara cosas que hicieron que cientos de personas fueran por el camino equivocado hacia una eternidad perdida. Esa es la cuestión.

Alabemos a Dios por Martín Lutero, por su honestidad, por su valor para plantarse en soledad por lo que sabía que era correcto y verdadero. Y roguemos a Dios que siga suscitando más hombres que, en amor, declaren la verdad y digan: "Aquí me planto. No puedo hacer otra cosa". Ir contra la conciencia no es seguro ni honesto. Mi conciencia está cautiva de la Palabra de Dios. Por lo tanto, antepongo la conciencia a la autoridad. Antepongo la verdad a la unidad. Antepongo la Escritura a la tradición y antepongo la fe a las obras y antepongo la gracia a los sacramentos y antepongo las personas a los sacerdotes —y ciertamente los creyentes son sacerdotes— y antepongo Cristo a la iglesia y a todo lo demás.

Esa es la cuestión, en última instancia. Lutero sostuvo a Cristo y apartó los ojos de la gente de todos los demás porque, al principio de su experiencia, había tenido los ojos puestos en demasiada gente. Había orado a los santos, tres cada día, veintiún santos diferentes a la semana. Había orado a María. Había peregrinado y mirado reliquias e imágenes. Entonces vio que nada de eso le había dado la seguridad del perdón de sus pecados. Más tarde, hablando con su superior piadoso, Von Staupitz, quien le dijo: "Martín Lutero, si quitas todas estas cosas que llamas muletas para una fe tambaleante, si quitas a María, si quitas a los santos, si quitas las imágenes, si quitas la penitencia y las peregrinaciones, si quitas todo esto, ¿qué pondrás en su lugar?". ¿Recuerda la respuesta de Martín Lutero? "Jesucristo". El hombre solo necesita a Jesucristo, y cuando decimos eso, y lo decimos claramente, entonces la gente es salva, porque lo mira a él.

6

REFORMADORES, CATÓLICOS ROMANOS Y RADICALES

La Reforma que inició Martín Lutero se convirtió en una revolución porque cada vez más cosas fueron cambiadas y diferentes personas comenzaron a cambiarlas.

Hay tres grupos de personas que debemos considerar. En primer lugar, los reformadores. Comenzamos considerando a Martín Lutero, pero hubo otros. En segundo lugar, tenemos que preguntarnos qué hacían los católicos romanos durante todo este tiempo. ¿Cómo reaccionaron a lo que sucedía en Alemania? En tercer lugar, quiero analizar un grupo que ha sido llamado los radicales.

LOS REFORMADORES

Vamos a analizar a los reformadores en tres países diferentes, Alemania, Suiza e Inglaterra, y nos preguntaremos en cada país cuánto se cambió allí y quiénes lo hicieron.

LA REFORMA EN ALEMANIA

¿Quiénes cambiaron las cosas? Como hemos visto, fue Martín Lutero. ¿Cuánto cambió? La respuesta es que durante los primeros cuatro o cinco años de los descubrimientos de Lutero que marcaron una época, cambió mucho. Se deshizo del papa, los obispos, las indulgencias y la doctrina del purgatorio. Se deshizo de un montón de cosas y redujo los sacramentos de siete a dos.

Luego vino la crisis durante la cual tuvo que esconderse en el castillo de Wartburg. Cuando salió de su escondite descubrió con horror que algunos de sus amigos estaban llevando el cambio mucho más lejos de lo que él pretendía y mucho más rápido. Lo cierto es que en un momento dado Martín Lutero dejó de cambiar las cosas. En consecuencia, mantuvo muchas cosas que tenía Roma. Por ejemplo: mantuvo las velas en el altar, algo que Roma tenía, pero que la Biblia ciertamente no tiene. Mantuvo los crucifijos, como se puede observar todavía hoy en las iglesias luteranas. Y mantuvo las imágenes y los cuadros. Sobre todo, mantuvo su propia práctica y relación tradicional con la Cena del Señor y el bautismo. De alguna manera, seguía creyendo que el pan y el vino eran realmente el cuerpo y la sangre de Cristo. Nunca lo superó del todo. Mantuvo la práctica del bautismo de niños, y cuando la gente dijo: "Seguramente se necesita fe en el bautismo", su respuesta fue: "Bueno, ¿quién puede decir que el bebé no tiene fe?".

Podemos ver en este punto que Lutero, habiendo cambiado mucho inicialmente, puso el freno y dejó de cambiar, y la iglesia luterana, en general, hasta el día de hoy, se ha detenido en ese punto donde él se detuvo. Por lo tanto, todavía hay muchas cosas que le sorprenderían si entra en el edificio de una iglesia luterana, dado que contamos a los luteranos entre los protestantes.

Ahora bien, la otra pregunta, "¿Cuánto cambió?", ya he tratado de responderla.

Pero "¿Quiénes lo cambiaron?". Aquí llegamos a una respuesta sorprendente. Lutero hizo que los príncipes cambiaran las cosas. En otras palabras, fue un cambio del estado.

El luteranismo, al igual que el romanismo, era una religión establecida y desde el principio Lutero se apoyó en los príncipes, los duques y el Elector de Sajonia, en particular, un hombre llamado Federico. Se apoyó en ellos para reformar desde arriba. Lutero consideraba que quienes gobernaban la tierra también gobernaban la iglesia. El resultado fue que en una famosa Dieta (consejo) en Espira, se decidió que cada zona adoptaría la religión de su príncipe. Si uno vivía en una zona donde el príncipe era católico romano, era católico romano.

¿Puede ver la debilidad de esto? ¿Puede ver el punto en el que la Reforma se detuvo en Alemania? Primero, se detuvo en el punto en que no todo fue cambiado. Luego se detuvo en el punto en que, en lugar de permitir que los demás fueran tan libres con su conciencia como lo fue Martín Lutero, decidieron que ciertas áreas de Alemania serían protestantes y ciertas áreas serían católicas romanas.

Curiosamente, un grupo de personas se opuso violentamente a eso y protestaron contra esa división, y ese fue el origen de la palabra "protestante". Fueron los que *protestaron* contra dividirse y decir: "Todo el mundo *aquí* será de esta religión y todo el mundo *allí* será de *aquella*".

Era el estado el que dirimía la cuestión de la religión, y el resultado obvio llegó a principios del siglo XVII cuando los estados católicos romanos se unieron y entraron en guerra con los protestantes, que también se unieron, y tuvo lugar la guerra de los Treinta Años. Ese es el tipo de "producto final" de este tipo de errores. Tarde o temprano habrá guerras de religión.

Esto es lo que ocurrió en Alemania. Ese patrón se extendió de Alemania a Dinamarca, Suecia y Noruega. Todos estos países adoptaron el luteranismo como una religión de estado, adoptada para cada ciudadano dentro del país.

LA REFORMA EN SUIZA

Martín Lutero no inició la Reforma en Suiza, ni la ayudó. Comenzó por su cuenta, y hubo dos hombres que estuvieron en el centro de la misma. Uno era suizo alemán y el otro, francés. El suizo alemán era Ulrico Zuinglio, un párroco común de la iglesia católica romana en un pequeño pueblo de la parte alemana de Suiza. Se hizo protestante leyendo su Nuevo Testamento griego. Le ocurrió exactamente lo mismo que le ocurriría a Martín Lutero. Leyendo su Nuevo Testamento, Zuinglio se dio cuenta de que muchas de las cosas que enseñaba desde su púlpito no eran ciertas. Lo interesante es que Zuinglio fue invitado a ser el sacerdote de la Catedral de Zúrich. Si alguna vez está en Zúrich vaya a ver la catedral. Zuinglio se levantó y predicó, y predicó la nueva verdad que había encontrado en este libro. Arrasó con Zúrich. Entre otras cosas, dijo que estaba mal que el papa tuviera un ejército, y que lo dotara de tropas mercenarias suizas. Si va al Vaticano, verá a las tropas suizas custodiando el Vaticano hasta el día de hoy. Zuinglio hablaba en contra de eso, pero por supuesto habló en contra de muchas otras cosas. Finalmente dejó su lealtad al papa y se casó. Estas dos cosas parecen ir juntas a menudo. Muchos sacerdotes lo siguieron.

Persuadió al Consejo de la Ciudad (fíjese en eso) para que dijera que todos en Zúrich debían ser ahora protestantes. Nuevamente, se cometió el mismo terrible error, pero lo llevaron a cabo y se convirtieron oficialmente en protestantes.

Todos los valles que salen de Zúrich se convirtieron en protestantes. El problema fue que la gente de las montañas y los bosques no lo hizo, y muy pronto la gente del valle y la de las montañas se pelearon. La guerra, que duró dos años, se libró en el distrito de Zúrich, y durante esa guerra el propio Zuinglio, que estaba luchando, fue asesinado en un pequeño lugar llamado Kappel.

Nuevamente, el mismo patrón: acudir al estado, acudir a la autoridad secular para imponer sus opiniones religiosas en un distrito, conduce a la guerra.

Antes de morir, Zuinglio tuvo una gran discusión con Lutero sobre la Cena del Señor. La posición de Lutero era que el pan *es* el cuerpo, y que el vino *es* la sangre de Jesús, y Zuinglio dijo: "Eso es solo pan, y eso es solo vino, símbolos de su cuerpo y sangre". Me temo que por eso los alemanes y los suizos nunca se unieron en la Reforma.

Ahora la historia se traslada a Francia y a un joven llamado Juan Calvino, nacido en Picardía, hijo de un abogado. Su padre lo puso a estudiar Derecho y fue a las universidades de París, Orleans y Bourges para estudiar. Fue ahí donde Calvino adquirió su mente lógica. Siguió siendo un abogado hasta su último día, en su discurso, su claridad de pensamiento y sus argumentos demoledores. Son los argumentos de Calvino los que persuadieron a muchos a ser lo que se llama "calvinistas". Fue a París, estudió el Nuevo Testamento griego y se convirtió en 1532.

¿Cuántos cristianos hoy han estudiado el Nuevo Testamento griego? Conocí a un miembro ordinario de una iglesia que se pasa el día trabajando con sus manos y que, sin embargo, se enseñó a sí mismo el griego para poder leer el Nuevo Testamento en su lengua original. Hubo una iglesia, iniciada en el siglo pasado, en la que no se podía ser miembro a menos que se pudiera leer el Nuevo Testamento en griego. Es interesante, ¿no? Se lo recomiendo. Convirtió a Lutero. Convirtió a Zuinglio y ahora convirtió a este hombre, Juan Calvino.

En pocos meses, se encontró en prisión por sus puntos de vista cristianos, en París. Finalmente, salió de la prisión, huyó como refugiado y pasó los días viajando. A los 26 años, se encontró en la ciudad suiza de Basilea, y decidió escribir sus creencias cristianas, la *Institución de la religión cristiana*, de unas 600 páginas en cada volumen, y aún aclamada como una de las mayores exposiciones de la fe protestante en todo el mundo. Eso sí, hay algunas cosas en él que Llo sorprenderán, como sus opiniones sobre el domingo: proponía ir a la iglesia el domingo por la mañana y jugar a los bolos por la tarde. Él mismo lo hizo, y es a Juan Calvino a quien debemos el "domingo continental", como se ha llamado. ¡Esta es una pequeña e interesante información adicional sobre Calvino para usted! Pero dijo muchas cosas que son mucho más importantes y profundas.

Por encima de todo, Calvino creía que Dios estaba en el trono. Creía en la soberanía de Dios y en que la voluntad de Dios es el factor final que decide la historia de las naciones y de los hombres, y es por ese tremendo énfasis lógico en la soberanía divina y en la doctrina de la predestinación que Calvino dio su nombre a las personas que piensan así, los calvinistas. Calvino creía en eso, al igual que Lutero, Zuinglio y todos los reformadores: que Dios está en el trono y que tiene el control absoluto de todo y de todos. Es una obra poderosa para un joven de 26 años, y ese escrito ha influido en el curso de la historia.

Calvino seguía huyendo de un lugar a otro como refugiado. Un día, tratando de volver a Francia, descubrió que había una guerra menor justo en este camino, así que tomó un desvío y no logró llegar a su destino por la tarde, por lo que se instaló en el lugar donde estaba para pasar la noche. El lugar era Ginebra donde se quedó durante veinte años. Ginebra se convirtió en el centro del presbiterianismo para todo el mundo. Es la historia más increíble. Se corrió la voz de que Juan Calvino, el joven autor de estos libros, estaba en Ginebra y el párroco local, un buen hombre llamado Guillermo Farel, se apresuró a ir a la posada y dijo: "Calvino, quiero que te quedes aquí". Dijo: "Hace un año, el consejo decidió que Ginebra debía ser protestante". Fíjese en eso de nuevo, por cierto. Dijo: "Pero no ha funcionado. Se emborrachan tanto como siempre, apuestan tanto como siempre. No ha pasado nada. La gente no está cambiando, así que necesitamos un hombre como tú, Juan Calvino. Te necesitamos, quédate aquí", y le suplicó. Calvino dijo: "Está bien, me quedaré".

Así que Juan Calvino se convirtió en el reformador de Ginebra. Eso sí, era bastante estricto. No permitía que ocurrieran cosas extrañas. Acostumbraba llevar a un hombre ante la iglesia y pasarlo a los magistrados por hacer esto, aquello y lo otro. Pero hizo que la ciudad se comportara bien. Digo "ciudad", pero debemos tener una idea correcta del tamaño de las ciudades en aquellos días, 13.000 en Ginebra. Con una disciplina estricta limpió la ciudad y se hizo tan impopular que tres años después tuvo que huir por su vida. Huyó a Estrasburgo, pero tras su partida la ciudad se vino abajo y las cosas fueron de mal en peor, por lo que enviaron una diputación del ayuntamiento diciéndole: "Por favor, regresa". Y Calvino regresó.

Elaboró una nueva Reforma. Avanzó muchísimo en los cambios. Por ejemplo, no permitía los crucifijos, no permitía las velas, y (¿me atrevo a decirlo?) tampoco permitía los órganos. Dijo que debían cantar las personas. Llevó los cambios más allá de lo que hizo Martín Lutero. También instituyó lo que ahora se conoce como el sistema presbiteriano de gobierno de la iglesia, en el que la iglesia es gobernada por cuerpos de laicos, pastores y ancianos juntos, en el que esos cuerpos locales se reúnen en asambleas representativas y se encargan de áreas de iglesias más amplias.

Ginebra se convirtió en un lugar al que huían los protestantes para refugiarse, y en total llegaron a vivir allí 6.000 personas más que huían de la persecución, y, por supuesto, recogieron las ideas de Calvino. Cuando fue seguro regresar a sus países, llevaron con ellos las ideas de Calvino sobre la fe y sobre cómo dirigir la iglesia. Pero, nuevamente, Calvino cometió el error de juntar la iglesia y el estado, solo que esta vez no dijo que el estado debe gobernar la iglesia, sino que la iglesia debe gobernar el estado. Esto no llevó a la guerra en Ginebra, aunque sí en otros lugares.

Desde Ginebra, Francia fue influenciada. Los protestantes de allí eran más parecidos a Calvino que a Lutero en Alemania. Se los conoció como hugonotes, y su número creció dramáticamente. Si conoce su historia recordará que, en un terrible día de San Bartolomé, el 24 de agosto de 1572, 22.000 hugonotes franceses fueron masacrados, 2000 de ellos solo en París. Fueron ejecutados en toda Francia, y los supervivientes huyeron, muchos a Inglaterra y a los Países Bajos.

LA REFORMA EN ESCOCIA

El país más influenciado por Ginebra fue Escocia. Hay que mencionar a cuatro grandes escoceses en relación con la Reforma. Patrick Hamilton inició la Reforma al norte de la frontera. Fue quemado en 1528, pero su obra fue retomada por George Wishart, que había estado en Suiza. Pero él también tuvo un final difícil rápidamente. Pero el hombre que finalmente lo logró fue John Knox. Un personaje de lo más pintoresco, estudió en la Universidad de Glasgow y pasó a ser capellán del castillo de San Andrés para el ejército escocés. Los franceses tomaron el castillo, se llevaron a John Knox como prisionero y lo vendieron como galeote. Allí estaba, remando en las galeras, pero los ingleses lo rescataron, llegó a Inglaterra. Luego se metió en problemas con la reina María y huyó al continente y a Ginebra, a Juan Calvino.

Knox era un joven que estaba maduro para todas estas ideas. Regresó a su Escocia natal, diciendo: "Señor, dame Escocia, o me muero". El Señor le dio Escocia, y John Knox comenzó su trabajo. Por desgracia, en 1559 persuadió al Parlamento escocés a volverse protestante.

En 1560 tuvieron su primera Asamblea General, pero en 1561 María, reina de Escocia, regresó, y con su belleza y su astucia, consiguió burlar a la mayoría de los nobles protestantes de Escocia. Allí estaban, María, Reina de Escocia y John Knox cara a cara. Es una historia de lo más dramática y, si tiene interés en la historia, debe leerla.

Sin embargo, después de una guerra civil en la que María, reina de Escocia, fue capturada y abdicó en favor de su hijo Jacobo, y finalmente fue decapitada por traición por Isabel I de Inglaterra, las enseñanzas de John Knox ganaron terreno y Escocia se volvió presbiteriana.

La iglesia de Escocia es un reflejo de la iglesia de Ginebra, mientras que la iglesia de Inglaterra está mucho más cerca de las iglesias luteranas. La iglesia de Escocia le debe todo a John Knox. Cuando murió, el liderazgo fue asumido por el último gran escocés que quiero mencionar, Andrew Melville, quien dijo al rey Jacobo: "Señor, hay dos reyes y dos reinos en Escocia. Está el rey Jacobo, del que soy un leal súbdito, y está el Señor Jesucristo del que Jacobo es súbdito, junto con todos los que están en su iglesia".

LA REFORMA EN INGLATERRA

La Reforma inglesa fue una típica concesión inglesa. Hacemos algo para salir del paso y decimos: "Oh, eso servirá". No trabajamos por principios, sino somos terriblemente pragmáticos y decimos: "¿Funciona?" y "Lo que funciona es lo correcto".

Comenzó con Enrique VIII y el hecho de que quería casarse con otra mujer. Ahora bien, esto ha sido malinterpretado y malentendido. Déjeme darle los hechos. Enrique VIII fue obligado por otras personas a casarse con Catalina de Aragón. Fue un matrimonio ilegal, porque era la viuda de su hermano. Por lo tanto, nunca debió haberse casado con ella, pero bajo la presión de otros, incluido el papa, que le dio un permiso especial para casarse ilegalmente, fue llevado a este matrimonio por razones políticas. Todos los hijos que tuvo nacieron muertos, excepto uno, la niña María, que más tarde se convertiría en la infame María la Sanguinaria. No tenía ningún hijo que continuara el linaje de los Tudor y sabía que, cuando muriera, estallaría la guerra civil si no había un hijo. La mayoría de la gente en Inglaterra lo tomó como una señal de que el juicio de Dios estaba en este matrimonio, que no era un matrimonio legal, él nunca debería haberse casado, porque Dios no le había dado un hijo. Este es el trasfondo.

Luego conoció a Ana Bolena, de quien se enamoró y habría sido una buena reina y una esposa legal. ¿Ve el enredo? No estoy justificando a Enrique VIII; simplemente le doy los hechos. Solicitó al papa la anulación de su primer matrimonio (ilegal), pero a estas alturas la política había cambiado y el papa, por razones políticas, dijo: "No, no puedes tener un divorcio especial, ni una anulación especial por haberte casado ilegalmente con esta mujer". Así que Enrique VIII dijo: "Está bien. A partir de ahora no obedezco al papa". Con un paso tras otro, Enrique separó la iglesia inglesa del papa como Inglaterra está separada por el Canal de la Mancha del continente. Por ejemplo, se hizo a sí mismo "cabeza de la iglesia". Este fue un paso sorprendente, si se considera que Enrique VIII tenía algo de teólogo. En su juventud, había escrito un libro contra Martín Lutero, y el papa estaba tan entusiasmado con el libro que defendía los siete sacramentos de Roma que le dio el título de "Defensor de la Fe", un título que hasta hoy posee nuestra reina, y que está en las monedas de nuestros bolsillos.

Enrique se casó con Ana Bolena, principalmente porque puso a un amigo suyo, Thomas Cranmer, en el Arzobispado de Canterbury. Cranmer dijo: "Anularé tu primer matrimonio porque estoy convencido de que es ilegal en primer lugar, así que lo anulo. Puedes casarte con Ana Bolena", y realizó la boda en secreto. Enrique se había hecho jefe de la iglesia, había roto con Roma. Ahora necesitaba dinero, y por eso se apoderó de los ricos monasterios de Inglaterra y vendió sus tierras a otros individuos, creando así la clase media en Inglaterra, lo que ha afectado a la vida social desde entonces.

Enrique hizo más que esto, pero el punto principal que quiero señalar es que él no quería que Inglaterra se volviera protestante. Quería que todo siguiera como siempre, menos los monasterios porque, por supuesto, su lealtad al papa era bastante fuerte. Quería que la Iglesia de Inglaterra siguiera exactamente como antes, solo que, en lugar del papa, él sería el papa. Eso es básica y simplemente lo que quería, pero no contó con una serie de factores. No contó con el factor de que la Biblia estaba siendo febrilmente traducida al inglés por William Tyndale. Este hombre fue perseguido en toda Inglaterra y tuvo que huir al continente. Finalmente, fue quemado en la hoguera, pero Tyndale nos dio la Biblia inglesa. Durante el reinado de Enrique, se puso un ejemplar en cada iglesia de Inglaterra, y por primera vez la gente pudo ir a leerla. ¿Nota que cada vez que aparece la oportunidad de leer la Biblia libera a la gente y provoca las cosas más notables? William Tyndale es el hombre que dijo: "¡Por la gracia de Dios haría que el muchacho que empujaba el arado en Inglaterra supiera más de este libro que el propio papa!". Eso es precisamente lo que empezó a suceder, y la Biblia comenzó a ser leída.

Enrique no tomó en cuenta tampoco hombres como Thomas Cranmer, que en su corazón simpatizaba con las ideas protestantes. No consideró a muchas otras personas.

Además, había un resentimiento generalizado porque el papa seguía sacando dinero de Inglaterra —los tributos y otras "anualidades" que se pagaban se llamaban "peniques de Pedro". No consideró a hombres como Thomas Cromwell y Latimer.

Temiendo la velocidad del cambio, Enrique ejecutó a romanos y reformadores por igual hacia el final de su reinado, y murió dejando a Inglaterra en un fermento. Pero dejó en el trono a un niño de nueve años (Eduardo VI) que era un pequeño cristiano muy serio, incluso a esa edad, un niño profundamente influenciado por Thomas Cranmer, arzobispo de Canterbury. Él estaba a favor de que Inglaterra hiciera cambios. Durante su breve reinado, ocurrieron ciertas cosas. En primer lugar, se permitió al clero casarse. En segundo lugar, la Cena del Señor en la Iglesia de Inglaterra adquirió un carácter protestante y el "altar" pasó a llamarse "mesa". En tercer lugar, y aún más importante, los servicios se pusieron en inglés en lugar de en latín por primera vez, y se preparó un libro llamado Libro de Oración Común, es decir, un libro para que lo usara todo el mundo, no solo el sacerdote que sabe latín al frente, sino un libro de oración común para que la gente común pudiera orar.

Ese libro, tras su segunda revisión, se convirtió en el Libro de Oración Común (BCP). En gran medida no ha cambiado y sigue utilizándose, aunque comenzaron a aparecer servicios revisados en la Iglesia de Inglaterra del siglo XX. Es un libro maravilloso, lleno de devoción bíblica.

¡Una de las reglas que se introdujeron bajo Eduardo VI fue que cada sacerdote debía predicar al menos cuatro veces al año! Esto nos da una idea del estado de la Iglesia de Inglaterra en aquella época. Además, comenzaron a escribir, bajo Cranmer, algunos Artículos de Religión. Llegaron a 42, pero más tarde se redujeron a 39. Los artículos establecieron el tono protestante de la Iglesia de Inglaterra.

Durante el reinado de Eduardo VI, los refugiados volvieron

de Europa y llegó a Cambridge, mi antigua universidad, un famoso profesor de teología de Estrasburgo, Martin Bucer, que enseñaba a los estudiantes el entendimiento protestante del evangelio de Cristo.

Entonces el niño rey murió y el trono lo ocupó su hermanastra, hija de una madre española, María. Medio española de sangre y totalmente española de pensamiento, se casó con Felipe de España y pasó más tiempo fuera del país que dentro. Estaba decidida a devolver Inglaterra a Roma. 1.200 clérigos casados se quedaron sin trabajo, el péndulo volvió a oscilar y la Cámara de los Lores y la Cámara de los Comunes fueron forzados a arrodillarse ante el cardenal Pole, enviado desde Roma para aceptar de nuevo a Inglaterra en el redil de la sede papal.

Durante el reinado de María, cerca de 300 grandes cristianos fueron ejecutados y se ganó el espantoso apodo de "María la Sanguinaria", y lo merecía. Cuando viajo por Inglaterra veo rastros de esto. En Oxford, en la calle principal, frente a Balliol College, hay un monumento a dos hombres, Latimer y Ridley, quemados en la hoguera durante el reinado de María por su fe protestante. Quizá recuerde las palabras de Latimer a Ridley: "Ten buen ánimo, maestro Ridley, y sé hombre. Por la gracia de Dios, hoy encenderemos una antorcha en Inglaterra que nunca se apagará". La próxima vez que vaya a Oxford, mire ese monumento y piense en esas dos personas.

Durante el reinado de María, Cranmer, arzobispo de Canterbury, bajo gran presión, firmó el documento donde se retractaba de los cambios que había hecho. Pero uno no puede cambiar tan fácilmente. En su corazón sabía que estaba equivocado, y pronto se encontró con que iba a ser quemado en la hoguera. Cuando llegó el momento de ser atado a la hoguera, dijo públicamente que estaba totalmente arrepentido de haberse retractado de su postura protestante.

Tomó el brazo que había firmado ese papel, lo sumergió en las llamas y lo observó hasta que se redujo a cenizas. Dijo: "Esa mano que firmó ese documento debe ser quemada primero". Hooper fue quemado en Gloucester y muchos otros hombres fueron quemados en la hoguera. Tal vez oyó hablar de los incendios de Smithfield. Cuatro obispos, un arzobispo y muchos otros predicadores importantes fueron ejecutados durante el reinado de María.

Puede imaginar que, cuando Isabel I llegó al trono, todo el mundo suspiró de alivio. Ella era, por supuesto, a los ojos del papa y de mucha otra gente, una hija ilegítima. El papa dijo que María, reina de Escocia, era la heredera legítima al trono.

La persecución terminó y los refugiados volvieron a raudales a Inglaterra. Ahora bien, fue en el reinado de Isabel I cuando surgió la típica mescolanza inglesa que llamamos Iglesia de Inglaterra. Es que a Isabel no le gustaban los escoceses. No le gustaba John Knox. No le gustaba Ginebra. A Isabel le gustaban los servicios ornamentados. Le gustaban las vestimentas y los rituales, por lo que no quería dejar de lado estas cosas. Dijo que el segundo Libro de Oración Común de Eduardo era demasiado protestante e introdujo una serie de cambios en el Libro de Oración, volviéndolo a la posición romana. Y puso fin a la práctica de que los clérigos se reunieran para estudiar la Biblia, algo que había hecho mucho bien en el país. No le gustaba que los clérigos estudiaran la Biblia.

Sin embargo, no pudo dar marcha atrás al reloj, como había intentado María, y el Convenio Isabelino se conformó con una especie de casa a medio camino. Si quiere saber por qué, dentro de la Iglesia de Inglaterra de hoy, puede haber evangélicos y anglo-católicos, hay que remontarse a Isabel I, porque dejando la cosa a medias e imponiéndola desde el Parlamento, dejó la puerta abierta de par en par a este tipo de mezcla que ha resultado. Una iglesia que puede ser tal mezcla se debe a una mezcla de fundamentos, y fue Isabel quien puso esa mezcla.

El Libro de Oración Común sigue siendo en gran parte (aunque no del todo) protestante, y los 39 Artículos que se redactaron finalmente en el reinado de Isabel son una maravillosa declaración de fe protestante. Cualquier predicador que predique los 39 artículos es un clérigo que estará predicando el evangelio. Por desgracia, no todos lo hacen, pero está ahí en el libro y hay suficiente protestantismo para tener una Iglesia de Inglaterra completamente evangélica y protestante. También existe la posibilidad de la otra que vino después.

Isabel murió como una reina impopular, aunque su popularidad regresó cuando Felipe II de España, enfurecido por la ejecución de María, reina de Escocia, dijo: "Vamos a invadir Inglaterra por la fuerza y devolverla al papa". Envió una "Armada": 160 barcos, una tropa de 30.000 "comandos marinos", y tenía un ejército concentrado al otro lado del canal de la Mancha para cruzar en cuanto se produjera la invasión. Inglaterra estaba en una situación desesperada. No tenía amigos. El poderío masivo de Europa parecía venir hacia ella. Por el canal vino la Armada. Al otro lado del canal esperaban las tropas, el ejército de Felipe, y parecía que Inglaterra iba a perder, pero tenía a Sir Francis Drake. De él se cuenta la historia de cómo la Armada española fue derrotada por la superioridad marina de Inglaterra y cómo parecía que hasta Dios luchó por Inglaterra aquel día porque los vientos eran demasiado fuertes para aquellos inmanejables galeones de España, así que naufragaron. Naufragaron en las costas de Inglaterra, en las costas de Escocia, y hasta el día de hoy se siguen buscando los galeones naufragados de la Armada Española.

Por cierto, tengo sangre española debido a la Armada,

porque un galeón naufragó en las costas del norte de Escocia y llegaron marineros a tierra llamados St Clair. Tomaron chicas locales, se establecieron y se convirtieron en el clan Sinclair. Mi madre es una Sinclair. ¡Quizá por eso me entusiasmo a veces!

Hemos estudiado a los reformadores en Alemania, Suiza, Escocia e Inglaterra. En ninguno de estos lugares llevaron la Reforma a su conclusión lógica. En ninguno de ellos volvieron al tipo de iglesia del Nuevo Testamento. En todos los lugares, la iglesia y el estado estaban demasiado cerca el uno del otro. O el estado dirigía la iglesia o la iglesia dirigía el estado, pero en todos los lugares hubo una religión que fue impuesta en una zona. Toda la zona se hizo protestante y se suponía que toda la zona iba a cambiar.

Ahora, en mi opinión, eso no era el Nuevo Testamento y ese fue el error fatal. Condujo en casi todos los casos a la guerra, y ¿hay algo más trágico que gente luchando en guerras por la religión? ¿Hay algo más trágico que gente luchando en nombre de Cristo por el cristianismo y matándose unos a otros para hacerlo? Ahora sabemos que es totalmente erróneo hacerlo, pero cuando un estado trata de imponer la religión se van a producir este tipo de cosas, y tarde o temprano surgen este tipo de problemas, y el resultado es la guerra.

¿QUÉ HACÍAN LOS CATÓLICOS ROMANOS EN ESTA ÉPOCA?

En 1580, sesenta años después de Lutero, el protestantismo se había extendido por gran parte de Alemania, Dinamarca, Noruega, Suecia, a buena parte de Suiza, bastante de Francia y a Inglaterra. En 1580, Irlanda seguía siendo católica, buena parte de Francia seguía siendo católica, España seguía siendo católica, Italia seguía siendo católica, Austria seguía siendo católica y partes de Suiza y Alemania eran católicas. Lo curioso es que todo eso ocurrió en sesenta años, y durante los siguientes trescientos años las fronteras siguieron siendo las mismas.

Debemos preguntarnos por qué el protestantismo se extendió tan rápidamente en sesenta años y luego llegó a una línea que se mantuvo igual hasta el siglo XX. La respuesta está en un movimiento entre los romanos llamado la Contrarreforma. Había habido un ataque a Roma que le arrebató la mitad de Europa, y Roma no iba a resignarse. Sucedieron tres cosas que frenaron el aluvión y que trazaron los límites.

¿Qué sucedió? Hubo un católico romano que se llamaba Ignacio de Loyola. Un noble español, terriblemente herido en la guerra, estuvo con una pierna destrozada en el hospital durante algunos meses, y durante ese tiempo tuvo visiones y tuvo un cambio de corazón. Se convirtió en un devoto católico romano y creyó que su llamado en la vida era detener la propagación del protestantismo. Para ello, necesitaría un ejército católico romano, pero un ejército que luchara de forma muy diferente a otros ejércitos. Casi podría llamar a su ejército el "Ejército de Salvación de Roma". Fue a París y reunió en torno a sí a un grupo de seis nobles y algunas damas nobles y fundó la "Compañía de Jesús", conocida popularmente como los jesuitas. Ignacio de Loyola consideraba que su tarea era conservar Europa para Roma y detener la avalancha de protestantismo, y francamente, lo consiguió en gran medida. Reunió a su alrededor a cientos de personas y las sometió a la más rigurosa disciplina militar imaginable, que se plasmó en un libro titulado *Ejercicios espirituales*. Durante 25 días uno se ejercita absolutamente con el ayuno, la búsqueda de visiones y muchas otras cosas, y durante ese período uno es realmente exigido. Al final de ese período, está listo para ser un jesuita, un seguidor de Ignacio de Loyola.

Además, estaban dispuestos a utilizar medios justos y sucios. Decían: "Siempre que guardes a alguien para Roma, puedes utilizar cualquier medio que consideres oportuno". Esta es la razón por la cual la palabra inglesa "jesuitry" en el diccionario significa 'justificar los medios por el fin' y usar cualquier medio para lograrlo. Se volvieron tan malos haciendo eso, que finalmente un papa tuvo que detener la Orden. Sin embargo, tenían sus cosas buenas. Uno de los personajes destacados de ese "ejército de Roma" fue un hombre llamado Francisco Javier que convirtió a 700.000 personas a Roma en India, las Indias Orientales y Japón.

Eso fue lo primero que ocurrió en Roma: un ejército de hombres dedicados y disciplinados que estaban decididos a "detener la podredumbre", desde su punto de vista.

En segundo lugar, el papa, dándose cuenta de que había muchas cosas que discutir, convocó el Concilio de Trento, que se reunió 25 veces entre los años 1545 y 1563. Al principio, el papa pensaba invitar a los protestantes a sentarse a hablar sobre las diferencias y ver si podían resolverse. Sus cardenales le convencieron de que no invitara a los protestantes y nunca vinieron. Si hubieran venido, la historia podría haber sido diferente. Se convirtió en un Concilio muy reaccionario, en el que se pronunció la maldición de Dios sobre las enseñanzas protestantes y se dijo: "Cualquiera que crea que está justificado solo por la fe, que el anatema caiga sobre esa persona", la maldición de Dios.

Luego, en una serie de declaraciones, dijeron estas cosas: Hay siete sacramentos, no dos, y son necesarios para ser salvo; la tradición debe colocarse junto a la Biblia como palabra de Dios; los apócrifos deben formar parte de la Biblia; el purgatorio existe; las indulgencias y la invocación de santos e imágenes y reliquias es una práctica correcta y piadosa; y el papa tiene autoridad absoluta.

Era la primera vez que la iglesia de Roma había dicho estas cosas. Permítanme decir con toda franqueza, amor y sinceridad, que ninguna de esas cosas ha cambiado todavía. De hecho, es imposible, si uno cree que los Concilios no pueden equivocarse, porque entonces, ¿cómo podrían negarse estas cosas ahora? El Concilio Vaticano II, posteriormente, limpió muchas cosas y alteró muchas cosas y exploró muchas cosas, pero ni una sola de las cosas que acabo de mencionar ha sido cambiada en absoluto. He aquí una declaración de Roma que tuvo el efecto de decir a los católicos romanos lo que realmente creían, permitiéndoles responder a las críticas de los protestantes.

En tercer lugar, se revivió la Inquisición; la tortura, el encarcelamiento y la muerte se utilizaron como instrumentos contra los protestantes. Se utilizaron para acabar con casi todos los protestantes en España y con la mayoría de los protestantes en Italia y en otras partes, como Austria. El resultado es que, hasta el día de hoy los cristianos, como los entendemos, son una pequeña minoría en esas tierras.

La Inquisición, el Concilio de Trento e Ignacio de Loyola, con su ejército católico de sacerdotes y laicos, jesuitas totalmente disciplinados y dedicados a detenerlo, detuvieron el avance del protestantismo a finales del siglo XVI. Las regiones europeas que eran católicas a finales del siglo XVI han seguido siendo mayoritariamente católicas, mientras que las zonas protestantes han seguido siendo mayoritariamente protestantes. ¿No es extraño?

LOS RADICALES

Los radicales se llaman así porque eran el extremo izquierdo de la Reforma. Se los ha llamado los "hijastros" de la Reforma y su "ala izquierda". ¿Quiénes eran?

Eran personas que empezaron a plantear la pregunta más fundamental de todas: "Quiénes deberían estar haciendo la reforma? ¿Quiénes deberían estar haciendo el cambio?". Llegaron a esta trascendental conclusión a la que no habían llegado ni los romanos ni los reformistas: no debería tener nada que ver con el estado. La iglesia y el estado son dos organismos muy diferentes y no deberían acercarse demasiado. Estos radicales creían en una iglesia libre, no en una establecida. Ni siquiera estaban contentos con el protestantismo establecido. Decían que no se puede hacer buena a la gente a través del gobierno. No se puede imponer una religión; debe ser aceptada libre y voluntariamente por la gente misma. No se puede decir que todo el mundo en Inglaterra será protestante. No se puede decir que todo el mundo en España debe ser católico. No se puede usar el estado para promover la religión. Solo se puede usar una espada, y esa es la espada del Espíritu, que es la palabra de Dios.

Así que eran pacifistas, negándose a participar en guerras entre protestantes y católicos. Dijeron que no iban a luchar por el evangelio. Fueron considerados como revolucionarios y se pensó que estaban destruyendo la única cosa que mantenía unida a la sociedad, que era la idea de que la iglesia y el estado se pertenecían mutuamente, por lo que fueron considerados como las personas más peligrosas.

¿Dónde empezaron? Surgieron en 1522 en la ciudad de Zúrich, en Suiza, y se llamaron a sí mismos, significativamente, "Hermanos". Los líderes eran Conrad Grebel y Felix Manx. Eran excelentes cristianos, en la misma ciudad donde Zuinglio estaba haciendo que el consejo de la ciudad hiciera a todos protestantes. Ellos dijeron: "Esa no es la manera correcta de hacerlo. La única manera correcta es predicar la palabra y, cuando la gente la acepte voluntariamente, llevarlos a formar una iglesia". Estaban luchando fuertemente por lo que ahora conocemos como libertad religiosa. Los Estados Unidos son lo que son hoy gracias a su lucha. Había una religión establecida en Escocia, en Inglaterra, en Alemania. En todas partes se encontraba que el estado decidía la religión, pero en Estados Unidos las ideas de estos radicales echaron raíces, y existe la separación de la iglesia del estado.

También decían que no solo no había que identificar una iglesia con un estado, sino que la iglesia no debía identificarse con la comunidad. Por lo tanto —aquí viene el quid, y fueron los primeros en decir esto— una persona no debe ser bautizada hasta que crea. Pasaron del bautismo de niños al bautismo de creyentes. Recibieron el apodo de "dos veces bautizadores". Solo que no era exactamente así. Fueron llamados anabaptistas, de *ana*, que significa 'de nuevo', 'dos veces'. Los anabaptistas eran el ala izquierda de la Reforma. Los anabaptistas eran los radicales. Los anabaptistas eran los que buscaban volver a los días originales, a una iglesia que no se identificara ni estuviera conectada con el estado, una iglesia que estuviera formada solo por creyentes, que solo bautizara a las personas cuando tuvieran la edad suficiente para tener fe en Jesús y, por lo tanto, pertenecer al cuerpo de Cristo por fe.

Lamentablemente, no solo los romanos atacaron a esta gente, sino también los reformadores. Llegó un día en que Lutero dijo a los príncipes alemanes: "Deben usar la espada contra estos radicales". Y llegó un día en que Juan Calvino consintió la muerte por ahogamiento de Félix Manx, un final apropiado para un bautista. Fue ahogado. Zuinglio, en Zúrich, hizo que el consejo aprobara leyes crueles contra esta gente.

¿No es interesante? Los romanos usaron el estado y también lo hicieron los reformadores, y ambos estaban dispuestos a usar la espada literal en nombre de Cristo. Los radicales dijeron: "No usaremos más espada que esta: la Biblia". La espada de los romanos y la espada de los reformadores fueron usadas contra ellos. Es una historia trágica, pero ahora podemos ser libres de la iglesia establecida porque su influencia y sus ideas surgieron en Inglaterra en la época de Isabel I en un grupo de personas llamadas Independientes.

Los Independientes querían una iglesia libre, y como no pudieron encontrarla en Inglaterra, partieron hacia América en el "Mayflower" para asentar allí para siempre el principio de la libertad religiosa del individuo para seguir la fe que considere correcta. Esta es nuestra herencia, y por ella lucharon y murieron.

Tuvieron algunos fanáticos y extremistas como Thomas Muntzer, de Zwickau pero, en general, cuando se estudia su historia (y la investigación comenzó en el siglo XX; solo ahora la gente ha comenzado realmente a conocer la historia de los anabaptistas), lucharon y murieron por la libertad religiosa, pero solo con la palabra. Se les acusó de ser revolucionarios, pero Jesús dijo: "Mi reino no es de este mundo. Si no, mis siervos lucharían". Eso es lo que dijeron los anabaptistas.

Hubo hombres como Menno Simons. Si alguna vez se ha encontrado con los menonitas, a él le debe esos grandes cristianos. Estaba Jakob Hutter, y si alguna vez ha conocido a los huteritas, se lo debe a él. Estos, en mi opinión, fueron los reformadores por excelencia. Fueron ellos quienes dijeron: "Nosotros cambiaremos todo lo que no esté de acuerdo con la palabra de Dios y lo cambiaremos *nosotros*. No esperaremos que los príncipes o los papas lo cambien; viviremos por y seguiremos la palabra de Dios como individuos y como comunidades".

En el próximo capítulo, llevaremos esta historia al siglo XVII, la época en que la libertad religiosa llegó a Inglaterra, cuando se empezó a permitir a la gente seguir sus propias convicciones, la época de William Penn, John Bunyan y muchos otros grandes siervos de Dios. Agradezcamos a Dios que hubo quienes llevaron la Reforma más allá de los reformadores, y dijeron: "Separemos la iglesia y el estado, y tengamos una iglesia libre formada por creyentes bautizados en Cristo Jesús por la fe y en el agua". Por la gracia de Dios, sus principios llegaron a esta tierra nuestra.

7

EL SIGLO XVII

Una diferencia entre 1600 y 1700 es de gran importancia para nosotros: en 1600, a los cristianos "inconformistas" no se les permitía reunirse libremente para adorar como quisieran, pero en 1700 sí podían hacerlo. Veremos cómo se produjo ese cambio y cómo la libertad de culto llegó a esta tierra nuestra, de modo que durante los últimos trescientos años aproximadamente hemos podido reunirnos y adorar como creíamos que debíamos hacerlo, sin que nadie nos lo impidiera, sin que nadie nos arrastrara a la cárcel, sin que nadie nos ejecutara por hacerlo. Fue en este siglo cuando se libró la batalla y se ganó finalmente.

Permítanme comenzar con el estado de la situación a principios de siglo. En esta época había tres grupos de cristianos profesantes en Inglaterra, tres "partidos". Oficialmente, no había católicos romanos. Habían sido prohibidos por ley. Si estaban allí, eran simpatizantes secretos. Había dos grupos dentro de la Iglesia de Inglaterra y uno fuera de ella. Los dos grupos dentro de la Iglesia de Inglaterra los llamamos anglicanos y puritanos.

Los anglicanos aceptaron lo que la reina Isabel I prácticamente elaboró como una especie de concesión, una mezcla de cosas que solían hacer los romanos y cosas que hacían los reformadores, y la mezcla anglicana fue seguida por mucha gente en este país, particularmente por aquellos que lamentaban parte de la Reforma.

Pero dentro de la Iglesia de Inglaterra había otro grupo de personas, representado por Richard Baxter, que fueron llamados "puritanos", porque deseaban ver una Iglesia de Inglaterra mucho más pura. Querían abolir las vestimentas, los crucifijos y las velas. Querían que el culto fuera llano, simple y puro. Sobre todo, en lugar de que el culto fuera el centro, querían que la palabra de Dios fuera el centro. Eran tremendos lectores de la Biblia. Lo hacían en sus propias casas, como familias. Lo hacían, en privado, como individuos. Por encima de todo, querían ver un estudio bíblico regular en la iglesia.

Richard Baxter es un muy buen ejemplo. No solo proporcionaba dos o tres horas de estudio bíblico los domingos, sino que tenía turnos rotativos e iba de casa en casa dando veinte minutos a cada familia, solo dándoles estudio bíblico. Ese fue el secreto de su efecto en Kidderminster.

Así que aquí tenemos a los anglicanos y a los puritanos. Los anglicanos todavía usaban muchos de los ritos y los puritanos querían hacerlo simple, tan simple como en Ginebra o Escocia, y hacer la Iglesia de Inglaterra tan simple como la Iglesia de Escocia. Fuera de la Iglesia de Inglaterra, había un tercer grupo que llamamos "independientes", porque querían ser independientes de la iglesia; se los llamó separatistas, porque se separaron de la iglesia. Se los llamó "Brownistas" porque un hombre llamado Browne fue un gran líder entre ellos, y, sobre todo, se los llamó "congregacionalistas", porque creían que cada congregación debía ordenar sus propios asuntos bajo el Señor.

Este es, pues, el "estado de la situación" a principios de siglo. John Milton sería un muy buen ejemplo. Los congregacionalistas o independientes rechazaban la idea de una iglesia estatal nacional. Su lema era "Reforma, sin esperar a nadie". En otras palabras, no vamos a esperar hasta que cambien el Parlamento, o cambien la iglesia. Vamos a seguir adelante y a vivir según la Biblia en nuestra congregación local. Por supuesto, muchos de ellos pagaron por ello con sus vidas, como Greenwood y Barrowe. Pero ese grupo creció.

Veremos el reinado de cada monarca en Inglaterra durante este siglo y nos preguntaremos qué ocurrió en Inglaterra durante este período. Lo curioso es que mucho de ello ocurrió en Buckinghamshire, y mucho ocurrió en los Chilterns.

JACOBO I

Ya había sido rey de Escocia como Jacobo VI, pero ahora llegó al sur y se convirtió en Jacobo I de Inglaterra, y desde el principio tuvo dos ideas de las que no había hablado públicamente.

Una era que creía en el derecho divino de los reyes a gobernar la religión. La segunda era que creía en el derecho divino de los obispos para gobernar la iglesia. Ahora bien, se mantuvo muy oscuro sobre esto al norte de la frontera y los escoceses fueron engañados. Este personaje inestable, que aparentemente podía cambiar de opinión de la noche a la mañana, engañó a los escoceses haciéndoles creer que sería un buen rey, y cuando llegó al sur los ingleses pensaron que seguiría la línea puritana, que purificaría la Iglesia de Inglaterra.

Rápidamente se llevaron una gran sorpresa. Dijo: "Los presbiterios están tan de acuerdo con la monarquía como Dios y el diablo", y su consigna para su reinado en Inglaterra fue "Ningún obispo, ningún rey". Entonces comenzó un período muy difícil dentro de la Iglesia de Inglaterra. Jacobo ciertamente se puso del lado de los anglicanos decididamente y no quiso escuchar el gobierno de los cuerpos representativos de los creyentes. El rey debía gobernar la iglesia y el obispo debía gobernar la iglesia, y tenía un muy buen arzobispo para ayudarlo en esto.

Para hacer esto, en el año 1604 Jacobo convocó una conferencia de cristianos destacados en Hampton Court (el palacio donde está el laberinto) donde Jacobo ridiculizó, insultó y se rio de los puritanos. Dijo: "Son unos aguafiestas. No les gustan los deportes en domingo. Bien. Haré leyes que digan que está perfectamente bien tener deportes y entretenimiento los domingos". Los provocó de esta manera y el ridículo que sufrieron no era de la incumbencia de nadie. Tenemos un relato de ello.

Pero había un puritano presente llamado Reynolds, un famoso profesor de Oxford. Era un caballero cortés y santo, y todas estas burlas y risas no le molestaron ni un poco y se mantuvo firme. Cuando a Jacobo se le acabaron los improperios, el doctor Reynolds dijo: "Su majestad, tengo una sugerencia. Ya es hora de que tengamos una nueva Biblia inglesa". Esta sugerencia fue aceptada, casi para sorpresa del rey Jacobo, y desde la conferencia de Hampton Court, durante siete años, la gente trabajó duro en esta Biblia. Tenemos la versión del rey Jacobo, llamada así no porque él empezara la idea, o porque la hiciera, sino porque casualmente era el rey en ese momento y le fue presentada una vez terminada. La llamamos la "versión autorizada" (también conocida, sobre todo en EE.UU., como la versión King James). Se publicó en el año 1611. Ese año fue trascendental para Inglaterra. Ese mismo año se fundó la primera iglesia bautista en Inglaterra.

Desgraciadamente, después de esa Conferencia, el rey Jacobo emitió una proclamación real de conformidad y dijo: "Todo clérigo debe aceptar a los obispos. Debe haber una completa conformidad, una completa uniformidad en toda la iglesia". Mil quinientos clérigos se negaron a firmarla y trescientos de ellos fueron encarcelados de inmediato. Otros sufrieron. Fue una gran ruptura en la iglesia inglesa. En ese momento, volvieron a aparecer en la Iglesia de Inglaterra vestimentas, ritos y ceremonias que no se habían visto desde el comienzo de la Reforma. Desde entonces han permanecido.

El resultado fue que los puritanos se dirigieron a Irlanda. Algunos de ellos huyeron hacia el oeste y, como resultado, la Iglesia de Irlanda siempre ha estado más cerca de la Reforma que la Iglesia de Inglaterra. El arzobispo de Irlanda en aquella época era Ussher, ¡un gran hombre para calcular las fechas! Si usted tiene una Versión Autorizada que tiene en el encabezamiento del Génesis 1 el año 4004 a.C. (que Dios nunca puso en la Biblia), está viendo algo que escribió Ussher. Fue él quien calculó que Adán apareció alrededor de las nueve de la mañana del 21 de octubre del año 4004 a.C. Un erudito inglés dijo, bastante mordazmente, que "siendo un erudito cuidadoso, ¡no se comprometería más allá de esto!".

Ussher era un gran arzobispo, y los clérigos puritanos tendieron a trasladarse al oeste, a Irlanda, pero los miembros laicos de la iglesia que estaban preocupados por Jacobo y que no podían rendir culto como creían que debían, huyeron al este, a los Países Bajos. Muchos de los independientes, los congregacionalistas, huyeron a los Países Bajos.

En el pueblo de Scrooby, en el norte de Nottinghamshire, bajo un fiel pastor llamado John Robinson, un grupo de independientes se reunió y formó su propia congregación. Lamentablemente, el terrateniente trajo a los magistrados y se les amenazó con todo tipo de cosas si persistían en reunirse. Finalmente, decidieron que lo único que podían hacer era conseguir un barco e ir a Holanda, donde podrían ser libres para rendir culto. La historia de cómo consiguieron los barcos es de lo más dramática. Lograron que un barco holandés viniera a reunirse desde alta mar, frente a Lincolnshire, cerca de Boston. Salieron de Boston Stump. Tenían dos barcos, uno con los hombres y otro con las mujeres y los niños. No fueron juntos para que los magistrados locales no los descubrieran. Los dos botes partieron. La tragedia es que el barco con las mujeres y los niños se atascó en el barro. Los hombres llegaron al barco holandés, pero entonces vieron en la orilla que se acercaban tropas británicas, que empezaron a disparar al barco holandés, y éste tuvo que retirarse. Los hombres vieron a sus esposas e hijos abandonados en el barro y se preguntaron qué pasaría. Afortunadamente, uno o dos años después, las esposas y los hijos pudieron salir y reunirse con ellos en Holanda. Allí se reunieron, libres de adorar a Dios como querían. En Inglaterra, bajo Jacobo, había que someterse.

Algo sucedió en Ámsterdam. Un grupo de cristianos comenzó a estudiar la cuestión del bautismo. Hasta ahora, como hemos visto, todos los reformadores principales, o magistrales, practicaban el bautismo de niños tal y como se había practicado durante siglos, pero en Ámsterdam un grupo bajo el mando de un hombre llamado Helwys empezó a estudiar esto y llegaron a la trascendental conclusión de que el bautismo debía ser solo para creyentes, y que eso diría, más claramente de lo que cualquier cosa, que la iglesia está formada solo por creyentes.

Ahora, por supuesto, no tenían a nadie que los bautizara, así que dos de ellos se reunieron y uno dijo: "Yo te bautizaré a ti si tú me bautizas a mí". Así lo hicieron. Entonces, como no encontraban trabajo, decidieron arriesgarse a volver a Londres. En 1611, volvieron, y en Spitalfields, Londres, se formó la primera iglesia bautista de Inglaterra. Muy pronto llamaron la atención de las autoridades y sufrieron por ello.

Unos años más tarde, un grupo de Independientes, reunidos en los Países Bajos, que se habían quedado allí, decidieron que era impracticable quedarse en Europa. No se les entendía. No podían conseguir trabajo. Se estaban muriendo de hambre. Decidieron hacer algo tremendo. Decidieron volver a Inglaterra, hacerse de un barco, ir al Nuevo Mundo y tratar de construir en América un mundo libre donde la gente pudiera rendir culto sin que el estado dijera cómo debía hacerlo. Volvieron a Inglaterra y convencieron al dueño del Mayflower para que los sacara.

LOS PADRES PEREGRINOS

En el pueblo de Jordans, Buckinghamshire, en el granero del Mayflower, hay maderas que se dice que son del barco que llevó a los Padres Peregrinos, en 1620, desde Plymouth hasta Nueva Inglaterra, al Nuevo Mundo. ¡Qué dura experiencia les esperaba allí! En el primer invierno murió la mitad de ellos. Había frío, y falta de alimentos y de ayuda médica. Pero se quedaron, y aunque tuvieron batallas con las zonas anglicanas establecidas, los Padres Peregrinos iniciaron algo que hace que hoy Estados Unidos esté totalmente libre de cualquier relación entre el estado y la iglesia, y en la que cualquiera puede practicar el culto que prefiera. Esa es una de las razones por las que la mayoría de las sectas inusuales parecen comenzar en Estados Unidos. Eran libres de hacerlo. Ese fue el riesgo que corrieron, pero prefirieron correr ese riesgo y tener libertad religiosa que tratar de erradicar por la fuerza de la ley lo que no encajaba con sus ideas de religión.

CARLOS I

Carlos I, por desgracia, fue peor que su predecesor Jacobo I, y me temo que, creyendo en ese derecho divino de reyes y obispos, fue mucho más allá. Si encuentras un puritano, ¡a la cárcel con él! Múltalo fuertemente, ponlo en la picota, córtale las orejas, rájale la nariz. Todo esto ocurría en el reinado de Carlos I.

El arzobispo Laud de Canterbury, en esta época, ayudó a Carlos I a retrotraer el reloj. La mesa de la comunión en la iglesia parroquial ahora se llamaba de nuevo altar, y ahora se le decía a la gente que se inclinara ante él. El Parlamento se opuso, ¡así que Carlos I estuvo sin Parlamento durante once años! ¿Se imagina a un rey o una reina de hoy haciendo eso? Quince mil londinenses marcharon sobre el palacio y presentaron al rey Carlos I la "Petición de Raíz y Rama". Si alguna vez has oído hablar de la frase "raíz y rama", viene de aquí. Querían que toda la superstición romana fuera desarraigada, raíz y rama. Carlos I se negó a escuchar, y en muy poco tiempo Inglaterra estaba en guerra civil.

La guerra estalló en 1642. El Parlamento luchaba contra el rey; era una cuestión religiosa. En líneas generales, los anglicanos luchaban del lado del rey y los puritanos, con el Parlamento. En líneas generales, el norte y el oeste estaban en manos del rey, y el sur y el este, en manos del Parlamento. Por eso, si estudia la distribución de las iglesias libres en la actualidad, verá que sigue ese patrón.

La frontera estaba entre Aylesbury y Oxford. Uno de los mayores luchadores por el Parlamento fue John Hampden. No muy lejos de una iglesia de la que fui pastor está Hampden Road, y uno de mis hijos estuvo en la casa Hampden de la escuela local. Si va a Aylesbury, en la plaza hay una estatua de Hampden, cuya casa estaba cerca de Stoke Mandeville. Lamentablemente, ese líder fue asesinado muy pronto en la guerra, y el Parlamento empezó a perder la batalla.

Estaban esperando un líder. Oliver Cromwell los fusionó en un "Nuevo Ejército Modelo". Bajo el famoso lema "Confía en Dios y mantén la pólvora seca", infundió nueva moral a las tropas que luchaban por la libertad religiosa. En esta época, durante la guerra civil, se reunió en Westminster un grupo de clérigos y eruditos de Oxford y Cambridge, para tratar de elaborar algún tipo de modelo de vida eclesiástica que fuera aceptable para todos. Se llamó The Westminster Assembly of Divines, y hubo unos pocos escoceses invitados que parecieron influenciarlos terriblemente, como suelen hacer los escoceses. Produjeron un credo de sus creencias llamado la Confesión de Fe de Westminster, y hasta el día de hoy, ésta es la confesión de fe no solo para los escoceses, sino para la mayoría de los presbiterianos del mundo. Estoy seguro de que podría citar una cosa del Catecismo basada en ella: "¿Cuál es el fin principal del hombre? El fin principal del hombre es glorificar a Dios y gozar de él para siempre". Los escoceses lo aceptaron, pero los ingleses nunca lo hicieron.

Carlos I seguía en actividad, pero finalmente fue llevado a Londres para ser decapitado. Lo mantuvieron por un corto tiempo en la casa señorial de Stoke Poges. Allí, sobre la chimenea, pintado en la pared de yeso, está el escudo real de Carlos. Para pasar las horas y no pensar en su ejecución, pintó su escudo real en el yeso.

Entre los soldados que lucharon con Oliver Cromwell, había un joven que bebía, luchaba y maldecía fuertemente, que había nacido en un pequeño pueblo llamado Elstow, cerca de Bedford. Su nombre era John Bunyan.

Después de la Guerra Civil, los presbiterianos se hicieron con el control de la Iglesia de Inglaterra y trataron de convertir a todo el mundo en presbiteriano. ¿No es gracioso? Cuando los anglicanos tienen el control, todos deben ser anglicanos. Cuando los presbiterianos lo consiguen, todo el mundo debe ser presbiteriano, lo que hizo que alguien dijera que el nuevo presbítero no era más que el viejo sacerdote en mayúsculas. En otras palabras, acabamos de cambiar una tiranía por otra.

CARLOS II

Difícilmente se podrían decir cosas lo suficientemente malas sobre este despilfarrador sin principios que fue aceptado por los escoceses primero (lo coronaron en Scone, en la Piedra de Scone, pensando que lucharía con los escoceses y el Parlamento de Inglaterra por el presbiterianismo, por una iglesia puritana más pura). Pero los escoceses se arrepintieron muy pronto de su necedad. No puedo entrar en la historia de los Covenanters; basta con decir que 17.000 Covenanters escoceses, reunidos en secreto en las Tierras Altas para adorar a Dios como creían que debían hacerlo, sufrieron bajo Carlos II.

En Inglaterra, Carlos II era un simpatizante secreto de la iglesia católica romana. Su ambición era, por medio de intrigas, hacerlos regresar. Hizo un tratado secreto con Luis XIV de Francia para retroceder el reloj doscientos años a los días previos a la Reforma. ¿Cómo lo hizo? En 1661, comenzó una serie de leyes del Parlamento para retroceder el reloj. La de 1662 fue la peor. Se llamó la Ley de Uniformidad. No era romana, todavía, pero era anglicana. Carlos II decía, y el Parlamento decía: "Todo el mundo debe ser esto". Fue en ese año, 1662, que cerca de dos mil clérigos dejaron sus sustentos y se fueron a lo desconocido sin hogar, trabajo ni nada porque se negaron a ajustarse a la Ley de Uniformidad, y en el idioma inglés apareció la nueva palabra "inconformist" (inconformista). Esa palabra era una palabra criminal al principio. Un inconformista corría tremendos riesgos, y uno de los que hubo en esa época fue Richard Baxter. En 1665, otra ley fue promulgada por el Parlamento llamada la Ley de las Cinco Millas, porque los clérigos expulsados estaban regresando en secreto para tener reuniones con su gente. A ningún clérigo se le permitía acercarse a menos de cinco millas de su antigua iglesia.

Curiosamente, si va a Wendover, verá la iglesia bautista a la derecha de la carretera. Está a unos cinco minutos a pie del pueblo. Se preguntará: ¿por qué construir una iglesia a las afueras de un pueblo? La respuesta es muy sencilla.

En 1662, el vicario de Aylesbury fue expulsado porque se negó a conformarse. Volvió a entrar en Aylesbury, celebrando reuniones en cocinas y jardines y en cualquier lugar que pudiera, pero entonces se aprobó la Ley de las Cinco Millas. ¿Sabe lo que hizo? Se paró en el centro de Aylesbury y comenzó a caminar cinco millas. Lo hizo a paso ligero, y cinco millas lo llevaron a un campo. Comenzó a reunirse en el campo y la gente caminaba cinco millas desde Aylesbury. Levantaron un lugar de culto que ahora es la iglesia bautista de Wendover. ¡Está exactamente a cinco millas de distancia!

En 1673, llegó la famosa Test Act. El resultado fue que el Parlamento decía que no debía haber ni católicos romanos ni inconformistas en Inglaterra. Todos debían adorar de cierta manera. Eso causó mucho sufrimiento.

John Bunyan se convirtió al escuchar los chismes de algunas amas de casa en un patio trasero. Si usted chismorrea en un patio trasero, tenga en cuenta que podría llegar a un John Bunyan, si está chismorreando sobre las cosas correctas. Porque este joven, que bebía, maldecía y peleaba fuertemente, escuchó a algunas mujeres hablar de Jesús. Nunca había escuchado algo tan dulce, y eso lo convenció de su pecado. Se convirtió y se hizo predicador en Bedford. Fue bautizado como creyente y predicó el evangelio donde pudo.

Bunyan fue encarcelado en el reinado de Carlos II. Estuvo doce años en prisión, con una sola pausa. Fue separado de su esposa ciega y de sus hijos y sufrió privaciones, pero un día en la cárcel tuvo un sueño. Soñó que veía a un hombre con una carga en la espalda y a otro hombre que quería quitarle su carga. Empezó a escribir el sueño, y ese sueño es *El progreso del peregrino*. Espero que haya leído ese libro en su versión para adultos y no en la versión para niños. La versión para adultos no solo le ofrece lo que le ocurrió a Peregrino, sino también lo que pensó y lo que dijo. Espero que algún día lea también otro libro importante de John Bunyan, *Grace Abounding to the Chief of Sinners* (Gracia abundante para el mayor de los pecadores). Describe su conversión y cómo se convirtió en el predicador que fue. Supongo que *El progreso del peregrino* de Bunyan es el libro cristiano más conocido, después de la Biblia. Nunca mencionó a la iglesia en él. Nunca mencionó los sacramentos en él y, por lo tanto, fue aceptado por los cristianos de todas las iglesias, y hasta el día de hoy ha sido uno de los libros más atrayentes en el mundo cristiano. Murió en 1688. Al final de su vida lo llamaban "Obispo Bunyan", pero si había una cosa que no quería ser era obispo. Mientras viajaba y la gente acudía a él en busca de ayuda, le decían: "Tienes tanto derecho a ser llamado obispo como ellos, así que te vamos a llamar así". Así que fue "Obispo Bunyan".

Otro hombre que sufrió durante este tiempo fue George Fox, quien tuvo una experiencia religiosa muy profunda en 1646. Esa experiencia tuvo algo muy bueno y algo no tan bueno. George Fox descubrió, o más bien redescubrió, el poder del Espíritu Santo para "guiar a toda la verdad". Llamó a esta experiencia "la luz interior". Dijo: "No sirve de nada tener la Sagrada Escritura fuera de ti o incluso en tu cabeza. Necesitas el Espíritu Santo dentro de ti también". Esto era algo que había que redescubrir y que había que decir. Podemos tener la Sagrada Escritura fuera de nosotros, pero sin el Espíritu Santo está muerta. No está viva. George Fox redescubrió el Espíritu Santo.

Desgraciadamente, habiendo redescubierto algo bueno, luego fue y dijo algo no tan bueno. Fue un paso más allá y dijo: "La palabra segura de la profecía que necesitamos hoy no son las escrituras, sino el Espíritu Santo solo". Por desgracia, de esa declaración vino la mayor debilidad del movimiento que siguió a este hombre. Porque este hombre reunió a su alrededor a un grupo de personas con una perspectiva similar que llamaron la "Sociedad de los Amigos". Otras personas los apodaron "Quakers" (cuáqueros) porque temblaban (quaked, en inglés) y se estremecían ante Dios en sus reuniones. Su fuerza es que creían que Dios puede hablar interiormente a través del Espíritu Santo; su debilidad, que rechazaban los sacramentos que el Señor Jesús quiso que tuvieran, porque son "exteriores", y una tendencia a despreciar las escrituras y confiar totalmente en los pensamientos interiores.

Fox, encarcelado por decir eso, debido a su falta de ortodoxia, por cierto, sufrió mucho. En un momento dado, durante el reinado de Carlos II, había 4000 cuáqueros en prisión. Si puede imaginar la proporción que había, puede entender sus sufrimientos, especialmente si se considera que en la cárcel no se conseguía comida a menos que los amigos la trajeran, y si pusieran a todos los cuáqueros en prisión no habría nadie que les llevara comida.

Un joven aristócrata dijo: "Nunca tendremos libertad en Inglaterra para adorar como debemos. Debemos ir al Nuevo Mundo". William Penn yace enterrado, con su familia, en el pequeño y tranquilo cementerio de Jordans Meeting House. William Penn fue al Nuevo Mundo y fue más allá de las fronteras de las colonias de la costa oriental, y dijo: "Tendremos un estado de libertad religiosa". Se conoció como Pennsylvania, la colonia de William Penn, donde podrían ser libres para adorar y seguir la luz interior del Espíritu Santo. Cruzó el Atlántico tres o cuatro veces, pero finalmente murió en Inglaterra.

JACOBO II

Jacobo II era un católico romano declarado que, no de forma sutil como Carlos II, sino de forma totalmente abierta, dijo: "Los haré volver a Roma, aunque me cueste la vida". Para ello, utilizó al notoriamente brutal juez Jeffreys de Bulstrode Park, Gerrards Cross, con sus infames actos. Fue demasiado para Inglaterra y, como resultado de un levantamiento popular contra el rey, Jacobo II tuvo que huir.

GUILLERMO Y MARÍA

Guillermo y María llegaron al trono de Inglaterra, y comenzó una nueva era de estabilidad y tolerancia, una era que marcó la pauta para el resto de la historia inglesa en lo que respecta a la vida eclesiástica, con una excepción.

Los católicos romanos no fueron admitidos de vuelta en este reinado y no lo fueron durante otros cien años, pero la tolerancia se extendió a otros. En 1689, los inconformistas fueron reconocidos, al menos parcialmente, y las persecuciones comenzaron a cesar. Tengo un libro escrito por Foxe llamado *Libro de los mártires de Foxe*. Era de lectura obligatoria para los niños los domingos en la época de mi bisabuelo. No sé si me atrevería a dárselo a mis hijos ahora, porque tendría al maestro de los hijos persiguiéndome por llenar sus mentes con tales cosas. Es el relato más horrible de los mártires cristianos, desde la época del Nuevo Testamento hasta 1682. Me temo que el autor esperaba que no fuera necesario escribir más historias de martirio, después del *Libro de los mártires de Foxe*, y que la tolerancia obtenida hacia finales de ese siglo, fuera duradera y no hubiera más.

En cierto sentido, no ha habido más mártires en Inglaterra, pero en todo el mundo no ha habido un período de diez años desde que Jesús murió en la cruz en el que los cristianos no hayan muerto por la fe, y todavía continúa, en algún lugar del mundo. Sin embargo, en Inglaterra llegó la tolerancia, y por primera vez los inconformistas pudieron levantar edificios de culto, tras la aprobación de la Ley de

Tolerancia de Guillermo y María de 1689. Para finales del siglo los inconformistas tenían 1000 lugares de culto.

Esta era la posición ahora. El anglicanismo sigue siendo la religión establecida. Los puritanos han abandonado en gran medida la iglesia anglicana, habiéndose ido a Irlanda o a América, o se han pasado a los independientes o a los bautistas y se han convertido en inconformistas. En 1662, otros dos mil anglicanos salieron y se unieron a los inconformistas. A finales de siglo, las capillas y casas de reunión inconformistas estaban por todas partes en el sureste de Inglaterra y se extendían hacia el norte y el oeste.

Esa era la posición general, pero dentro de la iglesia anglicana había tres partidos. Así que, así como les di el "estado de situación" en 1600, permítanme darles la "situación de los partidos" en 1700. Los partidos en la Iglesia de Inglaterra permanecen hasta el día de hoy: alto, amplio y bajo. Están ahí, a finales del siglo XVII.

El partido alto aún anhela las prácticas romanas en el culto. La parte baja pertenece en realidad a los pocos puritanos que lograron mantenerse de alguna manera y que tenían un culto muy simple y sin adornos, sin las vestimentas, sin el altar, con solo una mesa, y que adoraban de manera muy parecida a la Iglesia de Escocia y dudaban mucho de tener obispos. El partido amplio es sobre el que quiero dejarlo pensando porque es el comienzo de la historia del siglo XVIII.

Quiero hacer esta pregunta: ¿Qué pensaba Dios sobre todo esto? ¿Y qué pensaba el diablo de todo esto? Tengo la sensación de que el diablo se reía disimuladamente de que los cristianos se mataran entre sí. Tengo la sensación de que estaba encantado de que, físicamente, se estuvieran destruyendo unos a otros. Pero cuando llegó la Ley de Tolerancia y la gente permitió que cada uno rinda culto libremente, el diablo tuvo que idear una nueva táctica y se le ocurrió una muy diabólica: en lugar de destruir a los cristianos físicamente, pensaría en algo que los destruyera mentalmente.

Durante el siglo XVII se produjeron en el continente algunas ideas muy extrañas en nombre del cristianismo. En Suecia, un científico llamado Swedenborg producía algunas ideas increíbles y las llamaba cristianismo, fundando la "Nueva Iglesia de Jerusalén". Puede que no se haya cruzado con ellos. Encontré más de ellos en Lancashire.

En el continente, Socino, en Italia, decía este tipo de cosas: "La Biblia no es la palabra de Dios. Es útil, pero no es solo la palabra de Dios, así nomás; Jesús no era el Hijo de Dios; era simplemente un gran hombre de Dios; debemos imitar su ejemplo. Jesús no murió por nuestros pecados, murió para darnos un ejemplo de amor". Esto se decía, y estas ideas llegaban al otro lado del Canal de la Mancha.

Hubo otras ideas de Arminio de Holanda, que se opuso a la enseñanza de Calvino. Desde entonces tenemos el calvinismo y el arminianismo. El calvinismo enfatizaba la soberanía y la voluntad de Dios. El arminianismo enfatizaba el libre albedrío del hombre. Llegaron casi a golpes mentales por esta diferencia. En la Iglesia de Inglaterra, desde el continente, estaba llegando un grupo de personas que sentían que, mientras uno fuera a la iglesia y adorara, no importaba si uno sostenía las antiguas creencias. Hasta el final del siglo XVII, las personas que estaban en desacuerdo sobre el orden de la iglesia, sobre los obispos, sobre el bautismo estaban todos de acuerdo sobre las creencias cristianas y lo que era el evangelio, pero ahora llegó a la Iglesia de Inglaterra desde el continente un partido que creía que se podía ser mucho más tolerante en su doctrina. En otras palabras, se podía ser más amplio en su pensamiento que el evangelio anticuado. Esto casi destruyó a la Iglesia de Inglaterra en la década de 1730. Espiritualmente, iba a robarle a esa iglesia su poder y herencia.

Le he contado todo esto, no porque quiera darle una lección de historia, sino porque quiero que se dé cuenta de que, si viviéramos en el siglo XVII, usted y yo no habríamos sido libres de adorar como quisiéramos. Habríamos tenido que "conformarnos". Tendría que conformarse a un orden de culto establecido por una ley del Parlamento. Habría tenido que conformarse a un rígido gobierno eclesiástico establecido por una ley del Parlamento y no habría tenido libertad para reunirse y decidir lo que el Señor quiere que hagamos. Hoy tenemos esta libertad. Gracias al Señor que hubo quienes vieron que el Nuevo Testamento exigía una iglesia libre en un estado libre, y que la religión era una cuestión de conciencia: los que llevaron esto al Nuevo Mundo, los que fueron al continente con esta idea, pero, sobre todo, los que se quedaron en Inglaterra y fueron a la cárcel y lucharon por ello. Esto significa que usted y yo podemos adorar a Dios como nos dicte nuestra conciencia.

El precio de la libertad es la vigilancia eterna. Podríamos perder esa libertad de nuevo, muy fácilmente. Otros la perdieron. No solo tenemos que mirar al pasado, sino alabar a Dios para que en el futuro pueda mantenernos donde debemos estar.

También le he contado esta historia para decirle esto: que, a pesar de todas estas batallas, y a pesar de estas dificultades, la iglesia de Dios sigue adelante, y en cada generación el Espíritu Santo convierte a hombres y mujeres y los hace predicadores ardientes del evangelio y los envía, e incluso a pesar de todo lo que pasó, la iglesia seguía allí, los cristianos seguían allí, el evangelio seguía allí, la Biblia seguía allí. Porque Jesús dijo: "Edificaré *mi* iglesia, y las puertas del infierno no prevalecerán contra ella".

8

EL SIGLO XVIII

En noviembre de 1699, apenas unas semanas antes de que se inaugurara el siglo XVIII, se publicó *Los viajes de Gulliver*. Fue escrito por Jonathan Swift, un irlandés que intentó establecerse muchas veces en Inglaterra, pero no lo consiguió, y finalmente murió loco en Dublín. Su libro era un ataque salvaje a la sociedad inglesa de principios del siglo XVIII y no es un libro para niños. Si quiere saber cómo era Inglaterra a principios de este periodo, lea ese libro. Unos años después, Robinson Crusoe encontró su isla. Parece que en aquella época había una moda de salir de Inglaterra, de alejarse de la sociedad inglesa, y Robinson Crusoe parece mucho más feliz en su isla desierta que cuando vuelve a Inglaterra en el año 1715.

Estos dos libros introducen un hecho que debemos mencionar antes de ver la iglesia, y es que Inglaterra se estaba desmoronando. Socialmente, Inglaterra estaba mal, y debemos preguntarnos por qué. ¿Qué causó esto? Puedo resumir lo que quiero decir de una manera bastante simple y tal vez cruda, diciendo que el hombre abría el grifo frío y Dios abría el grifo caliente, hasta el siglo XVIII.

El hombre abría el grifo frío de lo que llamamos racionalismo, el intelecto por sí mismo, la razón. Y Dios estaba abriendo el grifo caliente de lo que llamamos avivamiento. Estaba llamando a algunos grandes hombres a predicar el evangelio y a elevar la temperatura de la sociedad inglesa.

Primero, el grifo frío. Este tipo de "mortandad" era lo que estaba apoderándose de la sociedad inglesa. La gente se estaba muriendo espiritualmente. La razón era que sus creencias iban en la dirección equivocada. Por lo tanto, su comportamiento iba en la dirección equivocada.

Una de las lecciones que aprendemos del siglo XVIII es que las creencias de un hombre afectan su comportamiento. Lo que un hombre piensa en su corazón, así será en su vida exterior. Entonces, ¿qué tipo de creencias estaban "enfriando" la religión? ¿Qué tipo de creencias estaban matando a la sociedad inglesa a principios del siglo XVIII? Fue, en parte, la influencia de la ciencia. Había habido muchos descubrimientos maravillosos. Copérnico había descubierto (o al menos había dicho que) los planetas giraban alrededor del sol y no de la tierra, y Galileo, con su telescopio, había descubierto que efectivamente era así. Isaac Newton seguía descubriendo cosas sobre las manzanas y las leyes mayores que las ilustran y proponía la ley de la gravedad. Sobre todo, Francis Bacon y Descartes decían que el universo en el que vivimos se rige por leyes que no pueden ser quebrantadas. En otras palabras, si una manzana se desprende del manzano, debe caer. Es una ley de la gravedad. No se puede quebrantar. Decían que estas leyes son absolutamente fijas. Ahora bien, eso, por supuesto, de un solo golpe, barre con los milagros y con gran parte de las cosas que sucedieron en la Biblia, ya que algunas de esas cosas parecen ir justo en contra de tales leyes naturales.

Además, Francis Bacon dijo (y se sorprenderá cuando digo esto, al darse cuenta de lo moderno que era y lo mucho que estamos en deuda con él o hemos sido influenciados por él): "Las únicas cosas que podemos decir que son verdaderas son las que podemos probar por observación, y si no podemos probar una cosa científicamente, por observación, no debemos creerla. No debemos aceptar nada por autoridad. Siempre debemos probarlo, y si no podemos probarlo científicamente, por observación, no debemos creerlo". Eso fue un tremendo paso adelante o atrás, según se mire. Pero es sorprendente cómo alumnos de escuela de hoy pueden decir: "No puedo creer a menos que puedas probarlo. No puedo creer en Dios a menos que puedas demostrarlo, a menos que pueda observarlo. No puedo creer en el cielo, ni en el diablo. No puedes demostrar estas cosas científicamente". Solo se hacen eco de lo que decía Francis Bacon y, francamente, esa idea mata a la religión. Es inevitable, porque no se puede probar el reino eterno por medio de la observación.

Entonces, ¿dónde encaja Dios? ¿Significa esto que dejaron de creer en Dios en el siglo XVIII? No. Pero muchos pasaron de una creencia que llamamos teísmo a una creencia que llamamos deísmo, que es un paso en el camino hacia el ateísmo.

En palabras sencillas, el teísmo es la creencia de que Dios creó el mundo y lo controla. El deísmo es la creencia de que Dios creó el mundo, pero no puede controlarlo. El ateísmo es la creencia de que tampoco lo creó, ¡porque no existe un Dios para crearlo!

Ahora bien, podría averiguar si usted es deísta o no preguntándole si alguna vez oraría por el clima. Eso me diría directamente si usted cree que Dios controla el mundo que ha creado. Si cree que Dios creó y controla el mundo que ha hecho, entonces es teísta. Yo soy teísta, y la Biblia es un libro teísta. Pero en el siglo XVIII se empezó a decir: "Si el universo se rige por estas leyes rígidas y no se pueden quebrantar, entonces puede que Dios las haya hecho, pero ya no se puede hacer nada al respecto. Así que no tiene sentido pedirle que cambie nada y que intervenga y haga algo. Podemos seguir creyendo en Dios, pero es un Dios que lo hizo hace mucho tiempo y luego lo dejó funcionando".

Una de las ideas más populares, expuesta por un obispo, era que el mundo es como un reloj gigantesco. Una vez que se ha creado, no se puede hacer nada al respecto. Una vez que se le ha dado cuerda, seguirá su curso según sus propias leyes. No puedo decirle a un reloj: "Un minuto. ¡Retrocede o detente!".

Es un mecanismo que se rige por sus leyes. Los deístas creían que Dios había hecho el mundo y le había dado cuerda, y luego solo tenía que quedarse sentado. No hay nada más que pueda hacer al respecto. Hay un Dios, pero no puede hacer nada.

Ese es un tipo de Dios muerto y no oraríamos mucho a un Dios que no puede hacer nada, ¿verdad? Esto estaba matando la oración y estaba matando la creencia en un Dios vivo que todavía estaba en control de todo. Este tipo de pensamiento —que Dios estaba muy lejos y no podía hacer mucho— se introdujo en las iglesias. Fue llamado con diferentes nombres en diferentes iglesias. En la Iglesia de Inglaterra, lo llamaron latitudinarianismo. En la Iglesia de Escocia, lo llamaban moderatismo. En los bautistas, lo llamaban unitarianismo, porque una de las creencias era que Dios no podía bajar a la tierra, y por lo tanto Jesús debía ser solo un gran hombre.

La fe, diluida, empezó a desaparecer, y todas las denominaciones sufrieron por ello. Algunas iglesias bautistas cerraron debido a este tipo de pensamiento. El culto se volvió muy formal y muerto. Solo se venía a presentar respetos a la deidad que lo hizo todo, pero no se debía esperar que hiciera nada. Dios no podía, pensaban; está fuera de lo que ha hecho.

No solo descubrieron, como pensaban, leyes de la naturaleza, hubo otros escritores que descubrieron, según pensaban, leyes de la sociedad. John Locke escribía sobre las leyes que rigen la sociedad, al igual que Voltaire en la época de Luis XIV. Otro fue el francés Rousseau, y su frase "El hombre nace libre y en todas partes está encadenado" es un dicho típico de Rousseau. También estaba el escocés Adam Smith, que escribió un gran libro sobre cómo "equilibrar las importaciones y las exportaciones" y la "división del trabajo". Eso también es extrañamente "moderno". Estaba Mary Wollstonecraft, que luchaba por los "derechos divinos" (¡casi podríamos llamarlo así!) de las mujeres. Escribió un largo libro en el que abogaba por el voto de las mujeres y en el que defendía los patios de juego en las escuelas, la coeducación, que era revolucionaria en aquella época, y la división en secundaria moderna y gramática. Fue toda una luchadora, y muchas de las ideas de su libro se han hecho realidad.

Todos trataban de descubrir las "leyes de la sociedad" y cómo "funciona" la sociedad. Pero todos decían lo mismo: que las leyes de la sociedad no necesitan a Dios más que las leyes de la naturaleza. El mundo de la naturaleza funciona sin Dios y el mundo de la sociedad y de la naturaleza humana funciona también sin Dios. De estas ideas surgió la Revolución Francesa. Rousseau ha sido llamado "el padre de la Revolución Francesa".

La iglesia trató de contraatacar usando las armas del intelecto. El obispo Butler y el obispo Berkeley trataron de predicar intelectualmente. Trataron de igualar la evidencia en contra de Dios con la evidencia a favor de Dios, e hicieron de todo un argumento intelectual. Francamente, eso nunca logró mucho. Nunca podemos argumentar con una persona para llevarla a la vida espiritual. Podríamos eliminar algunas de sus preguntas y barreras, pero nunca construiremos una iglesia solo con argumentos intelectuales.

El hecho de que las creencias del siglo XVIII fueran

algo frías e intelectuales tendría un efecto tremendo en el comportamiento. El siglo fue una época de agitación. Había un viento de cambio en el que las sociedades estaban dando un vuelco.

En Norteamérica fue la época de la revuelta de las colonias americanas y de la fundación de los Estados Unidos. Jefferson escribió la "Filosofía" de Locke, sus leyes de la sociedad, en la Declaración de Independencia. Si lee primero el libro de Locke y luego la Declaración de Independencia, encontrará de dónde sacaron los Estados Unidos su Declaración.

En Francia, en julio de 1789, todas estas ideas estallaron en la Revolución Francesa. Ahora la "razón" sería la diosa. En el altar mismo de la catedral de Notre Dame en París entronizaron a la diosa de la razón. Dijeron: "No más Dios", y comenzó el reino del terror. Más tarde, Napoleón entraría en Roma, confiscaría los territorios papales y llevaría al papa como prisionero a Francia. Este era el tipo de agitación.

¿Qué ocurrió en Inglaterra con toda esta agitación de ideas? La respuesta es: muy poco. Inglaterra simplemente quedó a la deriva mientras todos los demás tenían una revolución. De nuevo, probablemente algo típicamente inglés. Dejamos que las cosas se deslicen mientras otros países son puestos patas para arriba. ¡Y las cosas se deslizaron! En la religión había una fuerte aversión a lo que se llamaba "entusiasmo". Hoy diríamos "emocionalismo"; es la misma palabra. La gente iba a la iglesia y decía: "Nada de emocionalismo en la iglesia, nada de entusiasmo, nada de fanatismo, solo una agradable charla intelectual del vicario, pero sin emocionarse, sin exaltarse, sin mostrar ningún sentimiento". Ahora, por supuesto, eso no es una religión equilibrada, y el letargo y la apatía se colaron en las congregaciones. Un siglo atrás iban a luchar por la religión. ¡Ahora se sentaban simplemente en el banco y bostezaban! La religión, me temo, se convirtió en la religión de la clase alta. El hombre trabajador era pobre, ignorante y simplemente no era bienvenido.

Cuando se le ofreció el cargo de arzobispo de Canterbury, Butler dijo: "Es demasiado tarde para que yo salve una iglesia moribunda. Habrá desaparecido durante mi vida". Ese era el estado de la iglesia, y cuando el estado espiritual es así, el estado moral será peor.

Si uno quería pasar una tarde afuera en el siglo XVIII, reunía a la familia y se iba a Tyburn, ahora conocido como Hyde Park Corner, cerca de Marble Arch. Allí, si mira hoy alrededor de Marble Arch, verá un triángulo de piedras incrustadas en el camino, y allí, en ese triángulo, había una horca. Uno iba allí, hacía un picnic y veía cómo ahorcaban a la gente. Era una gran diversión. Niños, mujeres, hombres podían ser ahorcados por robar cinco chelines de artículos o un chelín en dinero. Si quería diversión, uno iba a Hyde Park Corner no para escuchar a oradores sino para presenciar ahorcamientos. Si quería otra diversión, iba a un hoyo y veía peleas de gallos, y por supuesto, la forma más rápida de salir de Londres y de las otras zonas industriales, era el bar, y la bebida era barata. Los anuncios que colgaban en las calles de Londres decían simplemente: "Borracho por un penique, muy borracho por dos peniques. Paja gratis para acostarse". Ahora sé que un penique era un penique en aquellos días y dos peniques eran dos peniques, pero esto, por supuesto, condujo a los más terribles abusos.

No solo se bebía mucho y se jugaba mucho, sino que se peleaba mucho. Si quiere estudiar la vida social de Inglaterra tal y como se convirtió en este período muerto, frío e intelectual, lea un libro como *Tom Jones* de Fielding. ¿No es interesante que esto haya sido llevado al cine? Toda la historia está resurgiendo, y las ruedas giran. *Tom Jones* es un libro típico de la inmoralidad de aquella época. O estudie los cuadros de Hogarth, las caricaturas de *A Rake's Progress*. Allí lo verán. O lea *La vida de Samuel Johnson* de Boswell si quiere ver una muestra de la alta sociedad, pero esto es el siglo XVIII.

Un hombre que escribía en esa época lo resumió diciendo esto: "Decadencia en la religión, libertinaje en la moral, corrupción pública y profanidad del lenguaje". Así era Inglaterra en los primeros treinta o cuarenta años de ese siglo. No es de extrañar que Edward Gibbon estuviera ocupado escribiendo *La decadencia y caída del Imperio Romano*. Es sorprendente que no siguiera escribiendo sobre la decadencia y caída de la sociedad inglesa. Podría haberlo hecho fácilmente.

¿Qué impidió que Inglaterra tuviera una revolución? ¿Por qué no se levantaron los pobres? ¿Por qué no hubo un vuelco total de la sociedad? ¿Qué impidió que Inglaterra pasara por la agitación que pasó Norteamérica, que pasó Francia? ¿Cuál fue el factor que alteró el curso de nuestra historia? El hecho es que durante este siglo Dios "abrió el grifo caliente". He terminado con todas las cosas frías e intelectuales. Dios abrió el aliento del avivamiento. El Espíritu Santo hizo las cosas más sorprendentes en esta tierra nuestra, de las que todavía nos estamos beneficiando.

El método de Dios es siempre elegir a una persona, llenarla con su Espíritu Santo y capacitarla para hacer la tarea. Muy raramente Dios ha trabajado a través de comités o grupos más grandes de personas. Su método es siempre levantar personas para hacer el trabajo. Siempre será así, y las personas llamadas necesitan permanecer en una relación correcta con Cristo.

Desde Gales, levantó a Howell Harris, Griffith Jones y Daniel Rowlan durante este siglo, y ellos cambiaron el curso de la historia galesa.

Desde Norteamérica, fue en este siglo que levantó a Theodore Frelinghuysen. Él, a su vez, influyó en el gran predicador Jonathan Edwards y en David Brainerd, un gran hombre de oración que fue como misionero a los indios y murió después de solo tres años, pero cambió la historia de Estados Unidos. Estos hombres fueron levantados, y se estima que, en el siglo XVIII, solo en Norteamérica, 300.000 personas fueron llevadas al Señor. Teniendo en cuenta la población de entonces, es todo un avivamiento. Las reuniones en el campo florecieron a finales de siglo.

Pero los dos países que debemos mencionar ahora son, en primer lugar, Alemania y luego Inglaterra, porque están estrechamente relacionados. Dios suscitó en Alemania al conde von Zinzendorf, que tenía una enorme finca en Sajonia llamada Herrnhut, y a esa finca llegaron un día unos mendigos. Eran adoradores del Señor Jesucristo. Eran los restos de la iglesia de Jan Hus en Bohemia, y todavía, siglos después de Jan Hus, se reunían simplemente en torno al Señor Jesucristo. Habían sido expulsados de su país y vinieron a ver al conde von Zinzendorf (que se había convertido poco tiempo antes). Él les dijo: "Pasen. Pueden tener mi finca. Pueden construir casas aquí. Yo los protegeré, y juntos construiremos una comunidad cristiana", y así lo hicieron. La llamaron la comunidad morava. Fueron la primera sociedad misionera real en Europa. Hubo otros intentos de trabajo misionero, pero ese pequeño grupo de moravos envió no menos de 25 misioneros en los primeros años de su vida, para llevar el evangelio de Cristo hasta los confines de la tierra. Fueron a Norteamérica, llegaron a Inglaterra. Hay una iglesia morava justo debajo del Alexandra Palace en el norte de Londres. Encontrará moravos aquí y allá en este país y en Norteamérica y en todo el mundo. El conde Zinzendorf, que comenzó eso, iba a tener una profunda influencia en Inglaterra a través de un amigo suyo.

Por cierto, si quiere conocer los himnos del conde von Zinzendorf, aquí tiene dos: *Jesus still lead on till our rest be won*; *Jesus, Thy blood and righteousness*. El conde von Zinzendorf dijo una vez esto: "Solo tengo una pasión. Es Jesús". Eso resume su vida. No es de extrañar que fuera el gran hombre que fue.

¿Cómo abrió Dios el grifo caliente en Inglaterra? ¿Cómo elevó la temperatura espiritual? La respuesta es que lo hizo a través de individuos. Puso su mano sobre George Whitefield, un joven que se abría camino trabajando en Oxford limpiando zapatos de estudiantes. Era un joven muy trabajador que iba a llegar lejos. Era un joven disciplinado, pero Dios dijo: "Eres un pecador y necesitas la salvación" y, a través de una gran lucha espiritual, George Whitefield llegó a conocer al Señor Jesucristo, y comenzó a predicar. Un año después de su conversión estaba predicando en Gloucester y su texto era 2 Corintios 5:17, *Si alguno está en Cristo, es una nueva creación*. Cuando predicó ese sermón dijo esto, que ofendió mortalmente a la mayoría de sus oyentes: "No me importa si han sido bautizados. No me importa que le hayan echado agua en la frente en nombre de la Trinidad. Tienen que nacer de nuevo". Dijo: "Yo tengo el nuevo nacimiento y quiero que ustedes lo tengan". Cuando terminó de predicar, diecisiete personas habían nacido de nuevo. Ese fue el comienzo. Pronto estaba predicando a treinta y cuarenta mil personas a la vez. No solo viajó por Inglaterra. Fue a Escocia y predicó a cuarenta mil personas en Edimburgo, y luego cruzó el Atlántico trece veces, y murió en Norteamérica al final, pero predicaba en todas partes que podía ir. George Whitefield fue uno de los más grandes siervos de Dios que Inglaterra ha visto.

La tragedia es que la mayor parte de su obra desapareció después de su muerte porque nunca organizó un seguimiento de sus conversos. La única persona que lo instó a fundar iglesias en cierto sentido fue la condesa de Huntingdon. Si alguna vez vio una iglesia con las palabras "Countess of Huntingdon's Connexion" está volviendo a los días de esa dama que apoyó a George Whitefield. Cuando él murió dijo: "Siento que mi trabajo ha sido frágil y desaparecerá muy rápidamente". De hecho, fue así, y no se oye hablar de ningún whitefieldiano. No se oye hablar de ningún grupo hoy en día, excepto la iglesia Connexion de la condesa de Huntingdon y uno o dos pequeños grupos más. Sin embargo, llevó a miles de personas al Señor. No quiero decir que se apartaron. Quiero decir que encontraron su camino en otras iglesias.

La historia de John Wesley comienza en el pequeño pueblo de Epworth, Lincolnshire, donde, casualmente, me casé en la iglesia Wesley Memorial. El ministro que dirigió nuestra boda era el guardián de la vieja rectoría, que era el hogar de la familia Wesley. Allí, en esa rectoría, algo ocurrió y nació algo nuevo, allá lejos en la llanura de Lincolnshire, en esa pequeña isla que se eleva hasta Epworth.

Ahora bien, los abuelos de John Wesley habían sido Independientes, lo que explica muchas cosas, pero sus padres eran ambos anglicanos por convicción y estaban allí como vicario y su esposa de ese pequeño pueblo de Epworth. Debemos tener en cuenta a los padres.

Samuel Wesley era un hombre sorprendente, con algo de poeta. Pasó la mayor parte de sus años escribiendo un poema sobre Job que nunca fue popular, pero transmitió a sus hijos un don poético. Pero la madre, Susannah Wesley, era increíble. ¡Tuvo diecinueve hijos, doce de los cuales crio! Les enseñó a no llorar después de un año de edad. Cuando tenían cinco años, les enseñó a leer hasta que al final de su primera semana podían leer Génesis 1. No sé cuánto entendieron y no sé cómo lo hizo. No tenían ninguno de nuestros juguetes modernos ni otras cosas para ayudarlos. Dedicaba una hora a la semana a cada niño para ayudarlos a crecer espiritualmente. Cuando se estudia la vida de Susannah Wesley, se ha estudiado el comienzo del metodismo, porque es lo que estaba por venir.

Cuando John (o Jackie, como ella lo llamaba) tenía siete años, la rectoría se incendió y sacaron a todos los niños a excepción de Jackie, el pequeño John. Hubo un momento dramático cuando lo vieron en la ventana de arriba. Los aldeanos se subieron uno sobre otro para rescatarlo. Ella lo abrazó a su pecho y le dijo: "Eres un tizón arrancado de ser quemado". Desde entonces creyó que John sería su hijo más importante, y así fue.

John fue a la escuela de Charterhouse y luego a Oxford para unirse a su hermano Charles. Allí formaron lo que llamaban el "Club Sagrado", y vaya si lo era. También era ofensivo para el resto, como tal nombre podría indicar. Se levantaban a las cuatro de la mañana para orar. Hacían sus estudios como estudiantes durante el día y luego visitaban la cárcel. Tenían un dispensario para dar medicinas a los enfermos, y trataban desesperadamente de salvarse siendo buenos.

Uno de los miembros del Club Sagrado era George Whitefield, y aquí fue donde se cruzaron sus caminos. Este pequeño grupo de estudiantes estaba tratando desesperadamente de llegar al cielo siendo buenos. Todavía no habían aprendido cómo se llega a ser cristiano. Eran tan metódicos en su forma de levantarse e ir a la cárcel y hacer esto, aquello y lo otro y llevar cuentas de todo lo que hacían, que los estudiantes no los llamaban el Club Sagrado, sino que les dieron un apodo: "¡Metodistas!", decían. Era un término despectivo, pero el apodo quedó y se ha mantenido hasta el día de hoy.

Llegó el momento en el que John se dio cuenta de que todavía sentía que no hacía lo suficiente por Dios, así que se ofreció para el ministerio, como su padre había hecho antes que él y como su hermano había hecho antes que él. John y Charles fueron ordenados por el arzobispo de Canterbury y ahora eran sacerdotes de la Iglesia de Inglaterra y todavía no eran cristianos, y porque sabían esto en su corazón, sintieron que no estaban haciendo lo suficiente por Dios, así que se ofrecieron como voluntarios para ir como misioneros a Georgia, a los pieles rojas. Pensaron: "Sin duda, si uno va como misionero se salva". Y salieron a salvar sus almas. Ahora bien, ¿puede uno llegar tan lejos sin ser cristiano? Por supuesto que se puede, y ellos lo hicieron. No solo eran sacerdotes, sino misioneros. No habían salvado sus propias almas, y lo intentaban desesperadamente.

En el camino, en medio del Atlántico, se encontraron con una tormenta y se asustaron. Entraron en pánico y pensaron que había llegado el fin. Tiraron cosas por la borda para aligerar el barco, pero parecía que todo estaba perdido. Pero allí, en medio del barco, había un grupo de personas, calladas, tranquilas, orando, refugiados moravos de Herrnhut que conocían al conde von Zinzendorf. John Wesley se acercó a ellos después, con su vestimenta de clérigo, y les dijo: "¿Por qué no tenían miedo?". Le respondieron: "¿Por qué íbamos a tener miedo?". Uno de ellos comenzó a preguntarle sobre su alma y dijo: "¿Sabes que Jesús es tu Salvador?". Este clérigo, John Wesley, respondió: "Sé que es el Salvador del mundo". "Pero ¿sabes que es tu Salvador?". Y John Wesley dijo: "Sí". Pero en su diario esa noche admitió que era una mentira y dijo: "Voy a Georgia para salvar mi propia alma. ¿Cómo puedo salvar las almas de los indios?".

Volvió a Londres después de tres miserables años de fracaso y se preguntó qué debía hacer. Su hermano también regresó, un fracaso igual, pero alabado sea Dios, tenía a alguien esperándolo en Londres, un hombre llamado Peter

Bohler. Era otro moravo del conde von Zinzendorf. Peter Bohler los tomó y habló con ellos. Entonces, un domingo que nunca olvidó, John Wesley fue a la catedral de San Pablo a adorar, y mientras leía su Biblia esa mañana, leyó estas palabras: "No estás lejos del reino de Dios".

Esa noche fue a una pequeña reunión de los alemanes moravos en Aldersgate Street. Ahora hay un banco allí, pero han puesto una placa para mostrar dónde tuvo lugar. En Aldersgate Street, el 24 de mayo de 1738, fue a la reunión y leyeron en voz alta el comentario de Lutero sobre Romanos. Me pregunto cuánta gente soportaría eso en la iglesia hoy: leer un comentario sobre Romanos, en voz alta, durante varias horas. Pero cuando el reloj marcó "las nueve menos cuarto" de la noche, John Wesley dijo: "Sentí que mi corazón se calentaba extrañamente. Sentí que confiaba en Cristo, solo en Cristo, para la salvación; y se me dio la seguridad de que él había quitado mis pecados y me había salvado de la ley del pecado y de la muerte". En ese momento se le dio la seguridad de que realmente era un pecador perdonado. Aquí estaba, un misionero fracasado, un sacerdote ordenado en la Iglesia de Inglaterra. Había hecho todas esas cosas buenas por otras personas y, sin embargo, no sabía que sus pecados habían sido perdonados. Eso es lo que pasa cuando tratamos de salvarnos a nosotros mismos, porque estamos poniendo nuestra confianza en lo que hacemos en lugar de lo que hace Cristo. Esto fue lo único que no pudo aprender.

Por cierto, mi hijo se llama Richard Wesley porque nació a las nueve menos cuarto de la noche de un domingo, además del hecho de que nació en Lincolnshire, no muy lejos de Epworth y de que su viejo padre pensaba mucho en John Wesley.

Ahora bien, John fue casi inmediatamente a Alemania a visitar a von Zinzendorf y regresó con muchos de sus himnos y los tradujo al inglés. Volvió queriendo predicar el evangelio, y lo hizo, pero los púlpitos se le cerraron. Cada vez que predicaba en la Iglesia de Inglaterra, le decían después del servicio: "Esa es su primera y última visita aquí" y así finalmente se encontraba en una posición en la que no podía predicar.

Entonces George Whitefield le dijo: "John, ¿quieres venir a predicar al aire libre?". John Wesley pensó que era lo más terrible del mundo que un clérigo ordenado no predicara desde un púlpito. Pero entonces recordó que Cristo predicó su Sermón del Monte y dijo: "Bueno, si Cristo pudo predicar en un monte, yo también puedo". Bajó a Kingswood, en las afueras de Bristol, a los mineros. Predicó, y mientras lo hacía, ¡describió en su diario cómo las lágrimas hacían pequeños ríos blancos en sus negras mejillas!

John Wesley se dio cuenta de que Dios lo llamaba al mismo ministerio que George Whitefield, que ahora partía hacia América, y tomó el hilo de la predicación de George Whitefield. Fue en abril de 1739 cuando comenzó a predicar al aire libre. Eso sí, tuvo oposición. Hubo momentos en los que fue arrastrado por el pelo por las calles, como en los disturbios de Wednesbury, pero en cincuenta años viajó un cuarto de millón de millas con una Biblia en la mano y un caballo entre las rodillas. Llegaba a un pueblo y predicaba. Lo hacía así. Empezaba predicando los Diez Mandamientos y predicaba la ley por la que todo hombre y mujer será juzgado, y seguía predicando la ley durante días hasta que la gente empezaba a parecer infeliz y empezaba a parecer preocupada. Entonces, cuando se daba cuenta de que empezaban a darse cuenta de que eran pecadores, dice en su diario: "Empezaba a mezclar un poco del amor de Dios con la ley de Dios y un poco más y un poco más hasta que finalmente estaba predicando el evangelio del amor de Dios".

Wesley descubrió que no se puede predicar el amor de Dios hasta no haber predicado la ley; que no tiene sentido predicar al Salvador hasta no haber predicado el pecado. ¿Qué consuelo puede dar un Salvador a los que nunca han sentido su congoja? Eso estaba escrito sobre todo su ministerio.

Tenga en cuenta que era un espectáculo insólito y curioso ver a un clérigo de la Iglesia de Inglaterra, todavía con toda su vestimenta, de pie en medio del campo de un pueblo, predicando de esa manera. Nunca habían visto nada parecido, pero él se dirigía al hombre trabajador.

Sus tres centros fueron Londres, Bristol y Newcastle, y en todo ese "triángulo" encontrará lugares donde Wesley predicó. Su último sermón fue predicado en Leatherhead, Surrey, donde hay una placa en el ayuntamiento hoy.

Predicó en todas partes bajo el principio, como dijo, de que "el mundo es mi parroquia". Puede haber un pequeño elemento de verdad en la sugerencia de que fue ayudado en sus viajes por un matrimonio infeliz, y se mantuvo en movimiento. Esa fue la única sombra real sobre su vida, pero hay muchos que se sintieron agradecidos por ello, porque viajaba. Viajó y viajó y predicó y predicó. Siete veces al día era lo normal.

No solo predicaba, sino que escribía y publicaba libros y folletos. Creó escuelas y orfanatos. Abrió dispensarios. Fue el primero en utilizar el tratamiento eléctrico para el reumatismo con una máquina que se puede ver hoy en City Road, en su casa. Descubrieron que produce suficiente electricidad para matar a un hombre, ¡pero él la utilizaba para el reumatismo!

Era un hombre de lo más variado pero, obviamente, pronto se hizo evidente que no podía hacer todo esto por sí mismo. El problema era que tenía pocos clérigos que lo hicieran con él, así que a su madre se le ocurrió la idea.

Dijo: "¿Qué tal predicadores no ordenados, predicadores laicos, predicadores locales que no vayan por ahí como tú, sino que prediquen localmente?".

Uno de los primeros en los equipos de seis personas fue John Pawson. Su esposa Frances fue una de las principales mujeres metodistas de la época, así que supongo que nuestra asociación tribal se remonta al principio. Así que, con un equipo, la respuesta de John Wesley a su madre fue: "Dame cien de esos hombres. ¡Pondremos a Inglaterra en llamas!". Lo hicieron, y cuando murió había 80.000 personas que se reunían como resultado de sus viajes.

No hizo lo que George Whitefield hizo, o al menos hizo lo que George Whitefield no hizo. Cuando se convertían, los incorporaba a comunidades, en gran parte porque las iglesias locales no los querían recibir. Los agregaba, no a iglesias, sino a lo que llamó sociedades, Sociedades Metodistas. Les dio líderes de clase cuyo trabajo era guiarlos espiritualmente. Luego tenía tantas sociedades en un distrito que llamó a ese distrito un circuito, porque un predicador local podía recorrer un circuito a caballo una vez al mes y predicar en cada lugar.

Este tipo de organización todavía se utiliza hoy, aunque creo que no está muy adaptada a los tiempos modernos. Para ir a caballo, es una muy buena idea y para el tipo de escenario en el que estaba, era una pieza ideal de organización. Así que los incorporó a una organización.

Tenga en cuenta que todo este tiempo John Wesley era un clérigo de la Iglesia de Inglaterra. ¿Qué pensaban de él? Bueno, me temo que pensaban muy mal de él, ¡especialmente cuando ordenó ministros para Norteamérica! Aunque nunca abandonó la Iglesia de Inglaterra, era bastante obvio que tan pronto como él muriera las sociedades metodistas se convertirían en iglesias metodistas, y así fue. La división se produjo tan pronto como murió. Pero creo que la culpa la tuvo John Wesley, o al menos fue el hombre que hizo todo lo que había que hacer para separarse. Me gusta el comentario de alguien que dijo: "John Wesley era como un hombre que rema en un barco. Mantenía la cara hacia la Iglesia de Inglaterra, pero cada tirón de sus remos lo alejaba de ella".

De modo que nos quedamos, a finales del siglo XVIII, con un grupo muy grande de metodistas, además de los anglicanos, además de los presbiterianos y los congregacionalistas, y los bautistas y los Amigos, y a finales del siglo se permitió a los católicos romanos volver a entrar también, por lo que estamos empezando a tener el tipo de marco en el que vivimos. Debemos dejar a John Wesley y mirar a otro gran hombre al final del siglo. En 1799 llegó a Cambridge un joven y disoluto estudiante, Charles Simeon. Cazando, disparando, pescando, era un joven alegre. Cuando llegó a Cambridge, se encontró cara a cara con su propia vida, tuvo una lucha espiritual, y de ella llegó a un sentido de perdón. En sus palabras: "Puse mis pecados sobre la cabeza de Jesús". Poco después fue ordenado al ministerio y a la temprana edad de 23 años fue como vicario a Holy Trinity Church, donde he tenido el privilegio de predicar. Allí, en la sacristía, se puede ver su tetera, su paraguas y fotos suyas. Simeon predicaba y la iglesia estaba abarrotada, y ejercía una enorme influencia en los estudiantes. De su congregación salió aquel joven Henry Martyn para morir en Persia como uno de los más grandes misioneros que ha habido. Charles Simeon debe ser puesto en la gran lista de héroes de este siglo.

Considere algunas de las cosas prácticas que surgieron de esto. La gente a veces dice: "¿Para qué sirve toda esta predicación del evangelio y este canto de himnos? Lo que necesitamos es gente que se ponga a hacer de este mundo un lugar mejor. Toda esta predicación ardiente del evangelio y toda esta perorata no hace ningún bien a nadie". El siglo XVIII lo desmiente. Los resultados de este renacimiento en el siglo XVIII fueron muy prácticos. En primer lugar, es uno que el mundo no apreciaría, pero que los cristianos han apreciado desde entonces.

EL SIGLO ESTALLÓ EN CANTO

Pensemos en algunos de los famosos himnos de Isaac Watts: *I'll praise my Maker*; *O God, our help in ages past*; *When I survey the wondrous cross*; *Jesus shall reign where'er the sun*; *Come let us join our cheerful songs*; *Sweet is the work, my God, my King*; *I'm not ashamed to own my Lord*; *Give me the wings of faith to rise*. También estaba Philip Doddridge: *Hark the glad sound, the Saviour comes*; *O God of Bethel, by Whose hand*; *O happy day that fixed my choice*. William Cowper: *God moves in a mysterious way*; *There is a fountain filled with blood*; *Jesus, where'er Thy people meet*; *Sometimes a light surprises*. John Newton: *How sweet the name of Jesus sounds*; *Glorious things of Thee are spoken*; *Begone, unbelief,* y el final de ese verso: *With Christ in the vessel I can smile at the storm* (con Cristo en el navío puedo sonreír a la tormenta).

Sobre todo, Charles Wesley, el hermano de John, escribió 6.000 himnos, y los escribió para todas las ocasiones imaginables. Dos de los más maravillosos son, en primer lugar, para un joven que sale de casa por primera vez; tiene un himno para que cante. Otro es para una mujer en trabajo de parto. Es un himno muy hermoso, que centra sus pensamientos en el Señor para que lo cante mientras tiene sus hijos. Charles escribía himnos a caballo. Llegaba a una casa y decía: "No me hables. Dame una pluma y un papel, rápido". Escribía, y salía un himno. En el primer aniversario de su conversión, Peter Bohler, el alemán moravo, dijo a Carlos Wesley: "Si tuviera mil lenguas, querría cantar la alabanza de Cristo", y así salió *O for a thousand tongues to sing my great Redeemer's praise...*

Vea algunas de los otros: *Ye servants of God, your Master proclaim; Hark, the herald angels sing; Christ the Lord is risen today; Rejoice, the Lord is King; Lord from whom all blessings flow; And can it be that I should gain?; Jesus, Lover of my soul; A charge to keep I have; Soldiers of Christ, arise; O Thou who camest from above; Love divine, all loves excelling; O for a heart to praise my God*. Verá que hay más himnos de Charles Wesley que de cualquier otro escritor, con Isaac Watts en un buen segundo lugar. Por último, James Montgomery: *Prayer is the soul's sincere desire; Stand up and bless the Lord*. Este fue un siglo de canto. Cuando la gente empieza a ser salva, quiere cantar, y nunca ha habido un siglo como este para cantar himnos.

ESCUELAS DOMINICALES

Si le preguntara quién inició las escuelas dominicales, no estoy seguro qué me contestaría. Si sabe algo, probablemente diría "Robert Raikes, en Gloucester", y le diré que está equivocado. Las escuelas dominicales fueron iniciadas por Hannah Ball, en High Wycombe, una señora metodista que yace enterrada en el cementerio de Stokenchurch. Hannah Ball comenzó las escuelas dominicales en una fábrica de muebles en desuso, como resultado de una correspondencia con John Wesley. Fue Hannah quien sugirió a Robert Raikes "¿Por qué no haces lo mismo?". Lo extraordinario es que hay una estatua de Robert Raikes en Gloucester que dice "Fundador de las escuelas dominicales".

Copió la idea de una mujer, pero Hannah Ball (si quiere ver su tumba, está ahí a la derecha de la iglesia cuando entra en el cementerio de Stokenchurch) empezó las escuelas dominicales y Robert Raikes lo emprendió en

1780 en Gloucester, pero ella lo estaba haciendo algunos años antes.

Tomé un libro *Early Methodist Women* y en él aparecen, una al lado de la otra, ¡Frances Pawson y Hannah Ball!

JUSTICIA SOCIAL

Cuando la gente se convierte, enderezan la sociedad. Estas son algunas de las cosas que siguieron: comenzó la ayuda a los pobres; comenzaron los dispensarios que distribuían medicinas gratuitas; comenzaron los orfanatos; comenzaron las escuelas; comenzó la reforma carcelaria. El trabajo de John Howard en la reforma carcelaria se remonta directamente al avivamiento del siglo XVIII.

Sobre todo, el ejemplo más destacado es William Wilberforce y su lucha contra la esclavitud. La última carta que escribió John Wesley fue a Wilberforce, instándolo a completar la lucha. Si alguna vez va a Kingston-upon-Hull, vaya al Museo William Wilberforce. Eso surgió del avivamiento.

BUENA LITERATURA

Otra cosa que surgió fue una tremenda difusión de buena literatura. La Religious Tract Society (Sociedad de Tratados Religiosos) fue un resultado directo, así como la British and Foreign Bible Society (Sociedad Bíblica Británica y Extranjera), igual que los comentarios de ese gran maestro de la Biblia, Thomas Scott.

SOCIEDADES MISIONERAS

El último efecto que quiero mencionar es el inicio de las sociedades misioneras. La influencia de Gran Bretaña en el mundo, para bien, se extendió. Ya había habido algunos intentos de trabajo misionero, pero fue a finales del siglo XVIII, como resultado del aumento de la temperatura, cuando realmente se puso en marcha.

En 1792, se formó la Baptist Missionary Societey (Sociedad Misionera Bautista). Fue un bautista quien la puso en marcha. Un zapatero de Northampton, William Carey, construyó un globo terráqueo con recortes de cuero y oró por ese mundo, en particular por India. Fue ese zapatero de Northampton, convertido, animado a ser predicador en las iglesias bautistas de Northamptonshire, quien, con un grupo de otros, se reunió un día en Kettering en 1792 y realizó una colecta, una famosa colecta de £13.2s.6d que era bastante en aquellos días, y fundaron la Sociedad Misionera Bautista. Un año más tarde, estaban en camino a la India para comenzar la gran obra misionera que siguió. Eso fue en 1792. Tres años más tarde, los anglicanos, los congregacionalistas y los presbiterianos, para no quedarse atrás, se unieron y crearon la London Missionary Society (LMS, Sociedad Misionera de Londres), que envió a Morrison a China, a Livingstone a África y a muchos otros famosos misioneros.

En 1796, para no quedarse atrás, los metodistas fundaron la General Methodist Missionary Society (Sociedad Misionera Metodista General). En 1799, los anglicanos decidieron tener una propia y se fundó la Church Missionary Society (Sociedad Misionera de la Iglesia), y fue justo en este periodo cuando se fundó la Sociedad Bíblica Británica y Extranjera.

Todo esto llegó a finales de siglo, y fue el resultado directo del Avivamiento Evangélico. ¿Quién dice que la evangelización ardiente no tiene resultados? ¿Quién dice que el mundo no cambia porque la gente se entusiasma con el Señor? La principal lección que saco de todo el siglo para usted ha sido que lo que un hombre cree afectará su comportamiento. Intelectualismo frío, mala moral. Evangelio ardiente, y todo esto sigue. Alguien ha dicho que los primeros metodistas eran como un grupo de castas campanillas de invierno que crecen en un hediondo montón de basura. Si quiere entender el énfasis de los metodistas en no beber ni apostar, debe entender que la tradición se remonta a la realidad del siglo XVIII, y que tuvieron que insistir en ello para que un hombre pudiera acercarse al Señor. Pero lucharon y limpiaron Inglaterra.

Un historiador francés dijo que, si uno quiere entender por qué la Revolución Francesa y la entronización de la Razón y la anarquía que siguió no se extendieron a Inglaterra, debe estudiar la vida de John Wesley. Es un homenaje sorprendente. Dios tenía su respuesta incluso cuando la fría razón del hombre decía que hay que probar cualquier cosa antes de creerla, que mataba a la religión. Y, cuando se mata a la religión, se mata la moral. Cuando la gente dice "Ningún Dios", dirá "Ninguna bondad".

Dios levantó a hombres que apuntaban a la revelación, que apuntaban a que Dios nos daba un conocimiento que la ciencia no podía probar ni refutar, y predicaban un evangelio de milagros sobrenaturales, un *Dios vivo* que podía intervenir y cambiar una vida y cambiar una sociedad, que ni la naturaleza ni la naturaleza humana estaban gobernadas por leyes, sino que ambas estaban gobernadas por Dios, y que Dios podía convertir ambas en sus propósitos eternos. Ese es un mensaje que todos necesitamos aprender. Grandes hombres de Dios hicieron que entraran en calor de nuevo y trajeron el evangelio de Jesucristo a esta tierra. Aún nos beneficiamos de los efectos de ese avivamiento.

9

EL SIGLO XIX (1)
1800 - 1850

Para el año 1800, dos cosas habían comenzado a suceder entre la gente de Inglaterra. La primera fue que había comenzado el gran movimiento del campo a las ciudades. La Revolución Industrial estaba en marcha. Se había inventado la máquina de vapor, que iba a concentrar a la población inglesa en las ciudades y la iba a arrojar a unas condiciones de vida y de trabajo absolutamente espantosas. Fue en el período de 1800 a 1850 cuando Charles Dickens publicó por primera vez *Los papeles de Pickwick*. Si lee ese libro podrá ver algo de las condiciones de la Prisión de Deudores y de la vida social de esa época. Gran Bretaña estaba empezando a construir sus "oscuros molinos satánicos" en "la verde y agradable tierra de Inglaterra".

La segunda cosa que le ocurría a la gente de esta época era que no solo se trasladaba a las ciudades, sino que aumentaba muy rápidamente en número. Tenga en cuenta que en 1800 había cinco millones de personas en Inglaterra. Tan abarrotada estaba Inglaterra en ese momento que un clérigo llamado Malthus escribía *Un ensayo sobre el principio de población*, y decía, en 1800: "Gran Bretaña no tiene suficiente comida para alimentar a toda esta gente. ¿Qué podemos hacer? No podemos aumentar la cantidad de comida, así que hay que encontrar alguna manera de disminuir la población". Rechazó la anticoncepción y dijo que lo único que quedaba era que la gente se casara tarde y que no hubiera prestaciones sociales para que las familias numerosas no recibieran ninguna ayuda. Al final de ese periodo, había nueve millones de personas en Gran Bretaña.

Pero había cosas sucediendo a nivel mental, o tal vez deberíamos decir emocional. Hemos observado que el siglo XVIII comenzó con un movimiento que llamamos Racionalismo, que era frío; era de la "mente". Pero el siglo XIX tuvo una reacción a eso y el péndulo giró hacia el otro lado. El nuevo siglo comenzó con un cambio de atmósfera que llamamos Romanticismo. En este movimiento, ocurrieron tres cosas. La primera fue que la gente empezó a interesarse mucho por sus sentimientos. El interés principal ya no era el "pensamiento", ahora el interés eran los "sentimientos". Si menciono algunas de las novelas que se escribieron en estos cincuenta años, entenderá el mensaje. Jane Austen escribió *Orgullo y prejuicio*. Victor Hugo escribió *Notre Dame de París*. Thackeray escribió *La feria de las vanidades*. Las hermanas Brontë estaban escribiendo en Haworth, Yorkshire. Charlotte estaba escribiendo *Jane Eyre* y Emily estaba escribiendo esa increíble historia de *Cumbres borrascosas*, a la que seguirían las *Torres de Barchester* de Trollope y muchas otras novelas. Las novelas volvían al romance, al amor, a los sentimientos que la gente tiene unos por otros. Había comenzado el Movimiento Romántico.

Si lo primero fue una vuelta a los "sentimientos", lo segundo, que surgió de esto, fue una vuelta a la historia. La gente sentía que había tirado por la borda demasiado del pasado, que todas estas nuevas ideas, la Revolución Francesa y la Declaración de Independencia de Estados Unidos, y todos estos cambios que habían ocurrido, habían sido un cambio demasiado grande de pensamiento, y el corazón se remonta mucho más atrás. Es extraño: se puede cambiar la mente de una persona con bastante rapidez, pero no se puede cambiar su corazón muy rápido. Una persona puede sentir que un cambio es bueno, pero su corazón dice: "No, no voy a hacerlo. Me gusta demasiado lo antiguo". Ahora bien, como redescubrieron el corazón, redescubrieron la historia del pasado. Empezaron a ahondar en el pasado y a escribir libros sobre el pasado, algunos de ellos ficticios y otros reales.

Sir Walter Scott estaba ocupado escribiendo *Ivanhoe*, Alejandro Dumas empezaba a escribir *Los tres mosqueteros* y *El conde de Montecristo,* Macaulay empezaba a escribir *La historia de Inglaterra* y Blackmore escribía *Lorna Doone*. Todos ellos eran libros históricos y así tenemos los grandes romances históricos. El romance volvía atrás para sentir el pasado. Lo llamamos sentimiento. ¿Le gusta volver a la casa donde nació? ¿Le gusta ir a visitar lugares que una vez conoció? Eso es el sentimiento del corazón. El pensamiento diría que no tiene sentido volver, pero su corazón dice: "Me encanta volver y ver viejos lugares". Soy un sentimental incurable en este sentido. Me encanta volver y ver lugares que una vez conocí o cosas relacionadas con el pasado. La mente se concentra en el futuro, pero el corazón, en el pasado.

En tercer lugar, esto hizo que la gente volviera a pensar en la religión, porque la religión que es puramente de la mente es demasiado fría y dura, pero una religión del corazón la enriquece. Algunos de los himnos que se escribieron en este período realmente tocan el corazón. *Abide with me, fast falls the eventide*. Si alguna vez hubo un himno romántico, es este. Si alguna vez un himno tocó sentimientos profundos, ese es, y aún hoy se canta en un partido de fútbol, porque en el fondo la gente es romántica, en el fondo es sentimental, en el fondo ama los sentimientos y en el fondo, ese tipo de himno toca esos sentimientos.

Todo esto ayudó a la religión, y en los primeros cincuenta años del siglo XIX, la religión estaba en auge. Los diversos cuerpos que hemos presentado hasta ahora a través de la historia, los anglicanos, los metodistas, los bautistas, los congregacionales, los Amigos y otros, crecían como un reguero de pólvora, particularmente los inconformistas. Pronto superaron a la Iglesia de Inglaterra en crecimiento. En 1800, el 5% de los asistentes a la iglesia eran inconformistas, pero en 1850 eran el 50%. El siglo XIX fue el gran siglo de los inconformistas y de las iglesias libres, en particular los metodistas, y los bautistas venían detrás. Esta fue el gran era de las iglesias libres, los disidentes, como se llamaban también en Escocia. No solo estaban creciendo, sino que se estaban dividiendo. He aprendido de la historia de la iglesia que en un período de crecimiento y expansión las iglesias se dividen, pero se habla de unidad en un período en que disminuyen.

Ahora bien, esto puede sonar mal y quiero que lo piense. Un organismo vivo crece por medio de la división. Esa es una lección biológica que aprendí en el laboratorio. Los lugares del mundo donde la iglesia está creciendo hoy son los lugares donde se producen más divisiones, y los lugares donde la unidad es la preocupación son los lugares donde la iglesia está disminuyendo. No voy a justificar las divisiones sobre esta base, sino que simplemente lo señalo como un hecho. Esto puede aplicarse a las iglesias locales: cuanto más grande es, menos crece; cuanto más se divide, más crece. La división es la forma en que la iglesia se ha expandido a lo largo de los siglos. Pero, a pesar de las divisiones que se produjeron —la iglesia metodista se dividió en al menos tres organismos principales durante este periodo, la Iglesia de Escocia se dividió en dos, y muchas otras se dividieron— existía el sentimiento de "no obstante, estemos unidos unos a otros".

EL SIGLO XIX (1)

Fue durante estos cincuenta años cuando seis iglesias bautistas se unieron y formaron la Unión Bautista. Surgieron varias sociedades fuera de las denominaciones, pero que las atravesaban. Un ayudante de pañero llamado George Williams decidió iniciar un nuevo movimiento para ganar a los jóvenes para Cristo, y lo llamó "The Young Men's Christian Asociación" (Asociación Cristiana de Jóvenes, YMCA), que se ha extendido por todo el mundo. Eso sí, en su época era una condición que, antes de poder unirse o incluso utilizar sus instalaciones, se debía mostrar una clara evidencia de haber nacido de nuevo de Cristo. La "C" en YMCA era muy enfatizada, mucho más que en los tiempos modernos.

Fue, también, la gran época de las misiones protestantes. Todo el siglo XIX lo fue, pero la diferencia es que en la primera mitad del siglo el trabajo misionero fue realizado por denominaciones, mientras que en la segunda mitad del siglo fue realizado por sociedades misioneras interdenominacionales, en especial después de la fundación de la China Inland Mission (Misión al Interior de China) por Hudson Taylor en 1865, que creó un modelo muy novedoso de sociedades misioneras. En 1800-1850, cuando todavía era mayoritariamente confesional, había grandes misioneros como Henry Martyn, que finalmente decidió no casarse con una gran joven cristiana de la que estaba profundamente enamorado para poder salir como misionero. Sabía que no podría llevarla a donde iba y donde el Señor lo había llamado. Dejándola atrás, se fue a la India, tradujo el Nuevo Testamento y el Libro de Oración Común al indostaní, se adentró en Persia, en la zona más difícil del mundo para la misión, y murió a los 31 años. Era un gran cristiano, si alguna vez hubo uno.

Este fue el medio siglo en el que nació un niño en Blantyre, Escocia, llamado David Livingstone, que llegó a conocer a Cristo, y que dijo: "Voy a ser un misionero de Cristo en China". ¿Sabía que David Livingstone estaba destinado a China? Pero Dios no siempre deja que nuestras ideas prosperen, y lo envió a Robert Moffat, el gran misionero de Sudáfrica que estaba traduciendo las escrituras a las lenguas tribales. Aparte de todo esto, Livingstone consiguió una esposa allí, porque se casó con la hija de Robert Moffat. Luego, durante unos quince años, abrió el gran territorio interior en la parte superior de la meseta de África, y al abrirlo pudo abrir un camino para que entraran misioneros y llevaran el evangelio.

Esta fue la época de Alexander Duff, el gran misionero escocés que fue a la India en 1829. Samuel Marsden fue como misionero a Australia y Nueva Zelanda. Eso realmente nos hace pensar, ¿no es así? Hoy no pensamos en esos lugares como campos misioneros y, sin embargo, lo fueron. Este fue el día en que Robert Morrison fue con la Sociedad Misionera de Londres a China y produjo un diccionario chino y una Biblia. Era un tiempo en el que no solo crecía la iglesia en casa, sino también en el extranjero.

Esta fue también la gran época de escritura de himnos. Mencionamos a Wesley, Watts y otros antes pero, de hecho, esa ola de escritura de himnos se extendió hasta el siglo XIX. Si el siglo XVIII se caracterizó por la calidad de sus himnos, el XIX fue conocido por la cantidad.

En veinte años, cuarenta y dos himnarios fueron publicados y se utilizaron en todas las denominaciones, excepto en la Iglesia de Inglaterra, ¡donde todavía era ilegal cantar himnos! Un hombre publicó un himnario y fue a su iglesia para que lo cantaran y se encontró "contra las cuerdas" ante su obispo. El obispo le dijo: "Mire, no debería haber hecho esto. Esto va a molestar a los de arriba. Déjeme el himnario y lo publicaré en mi nombre y puede que lo logremos". El buen obispo lo publicó en su propio nombre y ha tenido el crédito por ello desde entonces. Fue el obispo Heber, un obispo anglicano de Calcuta, quien finalmente puso los himnos en el mapa de la Iglesia de Inglaterra. Estos son algunos de los que escribió: *Brightest and best of the sons of the morning*; *Holy, Holy, Holy, Lord God Almighty* y *The Son of God goes forth to war*.

Fue durante este tiempo que tuvimos mujeres escribiendo himnos por primera vez. Henriette Auber escribía *Our blest Redeemer, e'er He breathed His tender last farewell* y Charlotte Elliott escribía un himno que se ha convertido en el más famoso himno de ese siglo, creo: *Just as I am without one plea*.

Marshman, un misionero bautista que fue al extranjero con William Carey, traducía al inglés himnos indios escritos por cristianos indios y los enviaba a su país, y nosotros empezábamos a cantar himnos de ultramar. Uno de ellos fue el himno *O Thou my soul* de Krishna Pal.

Había muchos otros escritores de himnos. Un hombre llamado Cotterill escribió *Hail the day that sees Him rise*. Henry Frances Lyte, vicario de Brixham, en Devon, escribía *Praise, my soul, the King of heaven*, así como *Abide with me*. John Greenleaf Whittier escribía *Dear Lord and Father of mankind*, *Immortal Love forever full* y *Dear Lord and Master of us all*. Era un granjero que escuchó a un vendedor ambulante escocés cantar canciones escritas por Robbie Burns, que lo inspiró a probar, y empezó a escribir himnos. Estaba muy vinculado a los cuáqueros, y se lamentaba de que doscientos años de silencio hubieran quitado el canto de los cuáqueros. Escribió sus himnos para intentar recuperarlo. No lo consiguió, pero tenemos sus himnos y nos alegramos de ello. Un hombre llamado Conder escribía himnos como *The Lord is King! Lift up thy voice* y muchos otros. J. Anstice, que solo vivió veintiocho breves años, escribió *O Lord how happy should we be if we could cast our care on Thee*.

Esta clase de himnos nos ayudan a adorar a Dios y surgen en este periodo de la historia en el que los hombres buscaban el rostro de Dios.

El bienestar social que comenzó en el siglo XVIII llegó ahora a su máxima expresión. Ahora quiero contarles algunas de las espantosas condiciones en las que vivían muchas personas. Tomemos primero el asunto de la esclavitud. William Wilberforce la combatió porque era cristiano.

El libro que me gustaría que leyera de William Wilberforce no trata de la esclavitud física en absoluto; trata de la esclavitud espiritual al pecado. Es el mejor libro que he leído al respecto. Porque estaba interesado en liberar las almas de los hombres, también se preocupó por sus cuerpos. Luchó duramente y, finalmente, en 1807, convenció al primer ministro William Pitt de que promoviera un proyecto de ley para abolir la esclavitud en los territorios británicos. Pasaron otros veintiséis años antes de que se aboliera por completo, pero William Wilberforce vivió para verlo y dijo lo siguiente: "Gracias a Dios que viviré para ver el día en que Inglaterra esté dispuesta a dar veinte millones de libras esterlinas para la abolición de la esclavitud". Eso es lo que nos costó. Si pueden imaginar el valor de esa suma en aquellos días, entenderán por qué las mentes comerciales de Gran Bretaña se opusieron a Wilberforce.

El siguiente ámbito del bienestar social en el que los cristianos estuvieron a la vanguardia fue el de la reforma de las condiciones de trabajo. Pensé en esto cuando mi hija tenía diez años. Al pensar en mi pequeña, recordé que, en 1800, los niños de siete años trabajaban desde las cinco de la mañana hasta las ocho de la noche con media hora de descanso al mediodía. Pienso en mi hija a los diez años y no me gustaría verla trabajando en una fábrica la mitad de ese tiempo, y a usted tampoco. Le debe a la conciencia cristiana que su hijo o hija no lo haga.

Piénselo. Niños de cinco años estaban en las minas de carbón sentados durante doce horas, abriendo y cerrando puertas mientras los carros eran arrastrados con carbón. ¡Chicos de cinco años! Mujeres y niños gateaban, desnudos, encadenados a camiones de carbón, tirando de ellos hacia delante y hacia atrás en la oscuridad, hasta que sus rodillas se desgarraban y sangraban o estaban duras como camellos. Esto ocurría en el siglo XIX. Este era el mundo de Inglaterra, en aquellos días. Este era el mundo en el que se empujaba a los niños por las chimeneas para que los barrieran desde dentro. Recuerde la protesta de Charles Kingsley contra eso en *Tom y los bebés de agua*.

Este era el mundo en el que no había normas sanitarias, ni inspectores de fábricas, ni leyes que limitaran las horas de trabajo de nadie. Fue un hombre llamado Anthony Ashley Cooper, más tarde Lord Shaftesbury, que hizo algo al respecto. Era un conservador entre los conservadores, de alta cuna, rico, y fue a la escuela en Harrow. Un día, volviendo a casa de la escuela por Harrow Hill, vio un funeral de indigentes y un grupo de hombres borrachos bajaban tambaleándose con un ataúd. Tropezaron, el ataúd se cayó y se desternillaron de risa cuando se abrió. Recogieron los pedazos y siguieron hasta la tumba. Anthony Ashley Cooper nunca olvidó aquello, y como para entonces era un creyente en el Señor Jesús, dijo: "Señor, dedicaré mi vida a los pobres de esta tierra si me muestras cómo".

Pasaron muchos años antes de que esa oración fuera respondida, pero lo fue. En 1842, Lord Shaftesbury vio la aprobación de un proyecto de ley en el Parlamento que prohibía a las mujeres y a las niñas bajar a las minas de carbón y prohibía a los niños menores de trece años trabajar allí abajo. Unos años más tarde, vio la aprobación del famoso proyecto de ley de las diez horas que limitaba el trabajo en las fábricas a diez horas, en que impedía emplear a ningún niño menor de nueve años y que fijaba un máximo de diez horas de trabajo. Este fue Lord Shaftesbury, un cristiano. En la parte superior de cada hoja de papel que escribía, estaban estas palabras: "¡Aun así, ven, Señor Jesús!". Fue la Segunda Venida de nuestro Señor lo que lo inspiró a hacerlo. Eran los días de la reforma penitenciaria con la que los nombres de Elizabeth Fry y John Howard estarán asociados para siempre, y los días del comienzo de la educación generalizada en esta tierra. Tenga en cuenta que en 1800 sus hijos y los míos difícilmente habrían tenido la oportunidad de ir a la escuela. Tendría que ser muy rico. Tendría que haber nacido bastante alto para conseguir esa educación. Pero durante estos cincuenta años los cristianos (nótelo: los cristianos) vieron el peligro del analfabetismo y lucharon denodadamente.

En 1811, los anglicanos formaron la National Society for Education (Sociedad Nacional para la Educación) y, tres años más tarde, para no ser menos, los inconformistas crearon la British and Foreign School Society (Sociedad Escolar Británica y Extranjera), y comenzaron las escuelas del país.

En aquella época, creían que las escuelas no debían estar en manos del estado, sino de la iglesia, y las escuelas comenzaron así. No fue hasta 1870 que el estado se hizo cargo de ellas y pidió a las iglesias que entregaran sus escuelas, lo que hicieron las iglesias libres en su totalidad y la Iglesia de Inglaterra en parte, pero no la iglesia católica romana. Antes de eso, encontrará que fueron los cristianos los que llevaron la educación a los niños y niñas comunes y corrientes de Inglaterra. Escocia, por supuesto, había estado muy por delante, como ha ocurrido habitualmente en materia de educación, y John Knox ya había exigido una escuela y una iglesia en cada parroquia.

Los cristianos se dedicaron a detener el comercio de opio. Los cristianos estaban comprometidos en detener la flagelación en las Fuerzas Armadas. La conciencia cristiana estaba ocupada con reformas sociales como estas.

¿Qué ocurría en la Iglesia de Inglaterra durante estos cincuenta años? Sucedieron cosas emocionantes que cambiaron la Iglesia de Inglaterra y que aún la afectan en el siglo XX. Algo sucedió en 1830 que echó por tierra el intento de unir a los anglicanos y a los metodistas en 1967, tal fue la importancia del período.

Habíamos terminado la historia con la situación dentro de la Iglesia de Inglaterra alrededor de 1800 así: había tres grupos, bajo, amplio y alto o, para darles sus nombres correctos, evangélico, latitudinario y católico. Los bajos eran evangélicos y se apegaban a las escrituras y a los 39 Artículos. Los "amplios" estaban abiertos a todas las creencias y empezaban a predicar todo tipo de filosofías y opiniones humanas. Los "altos" buscaban recuperar las prácticas católicas que marcaron a la iglesia antes de los días de la Reforma.

El partido bajo o evangélicos eran fuertes en partes, con una de cal y una de arena. Una de esas partes buenas era Cambridge, donde el piadoso Charles Simeon seguía predicando y atrayendo multitudes a la iglesia Holy Trinity. Los anglicanos evangélicos crecían, pero no eran la mayoría de ninguna manera. Dentro de esas partes había dos grupos, uno de los cuales ya se ha extinguido y otro que todavía se reúne, que iban a tener una profunda influencia. Uno era un grupo de laicos y el otro era un grupo de clérigos. El grupo de laicos era conocido como la Secta de Clapham, porque se reunían en Clapham. A ese grupo pertenecían William Wilberforce, John Thornton, que llegó a ser el primer tesorero de la Sociedad Bíblica Británica y Extranjera, Zachary Macaulay y muchos otros ingleses famosos. Se reunieron primero como un grupo casero para orar y estudiar la Biblia, y a partir de ahí desarrollaron una conciencia social. La Secta de Clapham tuvo una profunda influencia en la vida de nuestro país, porque trabajaron a través del Parlamento para eliminar los males de nuestra sociedad.

El otro grupo de la Iglesia de Inglaterra, en el extremo evangélico, se llamaba Islington Clerical Conference (Conferencia Clerical de Islington). Han continuado reuniéndose cada año desde la primera mitad del siglo XIX. Ellos buscan llevar a la Iglesia de Inglaterra a líneas evangélicas.

Ahora llegamos a la iglesia amplia, que era entonces tal vez el grupo mayoritario y estaba en mal estado. Esa religión estaba muerta, no tenía "fuerza" porque no había una base de creencia real. Era mundana y fría. Era "religión" más que cristianismo, y tarde o temprano, la gente que está en eso se siente tan insatisfecha que hace algo al respecto. En 1827, un grupo de hombres hizo algo al respecto, no en Inglaterra sino en Dublín: Anthony Norris Groves, un misionero retirado, John Parnell, más tarde Lord Congleton, J. G. Bellett, un abogado, el Dr. Cronin, W. F. Hutchinson, y un hombre que era, al principio, un cura anglicano, llamado John Nelson Darby. De ese grupo surgió el movimiento que conocemos como los Hermanos. Es muy importante e interesante observar que salieron de una situación anglicana muerta, pues esto explica tanto sus afinidades con la Iglesia de Inglaterra como su aversión a ella, y explica gran parte de lo que ha sucedido desde entonces. Salieron de ese trasfondo muerto del anglicanismo amplio que no tenía nada real que ofrecerles en forma de salvación, y se reunieron y decidieron tratar de volver al Nuevo Testamento y empezar de nuevo, y tratar de tener un culto según el modelo del Nuevo Testamento. Por esta razón, abolieron el ministerio y simplemente se reunieron y le pidieron al Señor que los ministrara a través de cada uno.

Pusieron un tremendo énfasis, y esta ha sido su fuerza, en el conocimiento de la Biblia. De todas las denominaciones, yo diría que los Hermanos conocen sus Biblias mejor que cualquier otra. También es justo añadir que conocen su interpretación de ellas mejor que ninguna otra, así como las propias escrituras, y sé que esa observación será tomada de buena manera. Se reunían, y este énfasis en la Biblia iba acompañado de un énfasis en el retorno próximo de nuestro Señor Jesucristo, que es siempre un motivo saludable en la vida cristiana, acompañado también de un énfasis tremendo en el sacerdocio de todos los creyentes. Los que se unieron al grupo, que habían sido anglicanos, se alejaron del clericalismo y de la "eclesialidad" y se convirtieron simplemente en hermanos, llamándose a sí mismos por el nombre que los cristianos usaban en el Nuevo Testamento.

El movimiento se extendió o surgió espontáneamente en muchas otras partes. Se extendió desde Dublín hasta Plymouth, donde estuvo el primer grupo real de Hermanos en este país. Por eso muchos, para su fastidio, los llaman Plymouth Brethren (Hermanos de Plymouth). (No es porque encontraron Plymouth Sound, como algunos sugirieron).

El líder allí era un hombre llamado B. W. Newton Después de algunos años de buen ministerio, fue acusado de ser un hereje y predicar falsa doctrina, y se produjo una división. Algunos de los que habían estado con él en Plymouth se marcharon y se fueron a Bristol, donde una capilla había desarrollado un tipo de culto y de vida eclesiástica muy parecido al suyo. Se llamaba Bethesda Chapel. Allí, en Bethesda Chapel, había dos hombres que dirigían una congregación según las pautas de los Hermanos. Uno de ellos era George Muller, un hombre con una fe tremenda. Vio entrar un millón de libras esterlinas para mantener un orfanato que existía en Bristol (uno de los pocos orfanatos que nunca publicitaban sus necesidades). Henry Craik y

George Muller reunieron algunos de los fragmentos de la división que se produjo en torno a Newton. A J. N. Darby no le hizo mucha gracia y, a grandes rasgos, Darby se convirtió en el líder de los hermanos exclusivos, y George Muller y Henry Craik en los pioneros de los hermanos abiertos. La diferencia entre ellos era bastante simple: los hermanos abiertos tenían relaciones con cristianos fuera de ellos mismos y los hermanos exclusivos, no. Otra gran diferencia era que los hermanos abiertos eran iglesias totalmente independientes que gobernaban sus propios asuntos, pero los hermanos exclusivos estaban organizados de forma más centralizada desde la cúpula, lo que, por cierto, explica por qué si uno tiene un buen hombre en la cúpula, tiene una buena influencia en todo el movimiento, pero si uno tiene el hombre equivocado, influye inmediatamente en todas las partes del movimiento.

Por haber sido capellán en la Real Fuerza Aérea, siempre me ha entusiasmado ver a alguien registrado en una tarjeta como "Hermano". Tenían que registrarse en las Fuerzas como "Hermanos de Plymouth", por alguna razón. Era el único título oficial que Su Majestad reconocía. Descubrí que, si veía eso en una tarjeta, podía estar seguro de que iba a conseguir un cristiano en las Fuerzas y que sería un gran trabajador, pero si veía otras cosas conseguía algunos jóvenes buenos y otros completamente nominales. Digo esto, porque significa, y doy este tributo, que los Hermanos han ejercido una influencia en los círculos cristianos fuera de toda proporción a su número, pero en proporción directa a su calidad. Entre las principales faltas, se percibe una falta de conciencia social y de actividad social.

Las reformas sociales y la eliminación de los males en el siglo XIX se dejaron en gran medida en manos de los anglicanos evangélicos y de la Secta de Clapham que he mencionado.

Ahora nos centramos en el partido de la alta iglesia. El partido de la baja iglesia en la Iglesia de Inglaterra tenía su Secta de Clapham para los laicos y su Conferencia Clerical de Islington para los ministros. La iglesia amplia estaba muerta y era mundana y fría. Como reacción a ello, los Hermanos Cristianos surgieron como un partido separado. Pero la alta iglesia en 1830 recibió un tremendo impulso, y todo comenzó en Oxford. Se llama el Movimiento de Oxford.

Sucedió así. En 1828 se derogó la odiosa Test Act. Esa ley había prohibido a los católicos romanos y a los inconformistas ser miembros del Parlamento. Así que a partir de 1828 un inconformista o un católico romano podía ser miembro del Parlamente en Inglaterra. Hay que tener en cuenta que el Parlamento de Inglaterra controlaba a la Iglesia de Inglaterra, y de repente el clero anglicano se dio cuenta de que los inconformistas y los católicos romanos iban a controlar su iglesia. Esto alarmó a un grupo de eclesiásticos en Oxford que vieron una luz roja en esto. Estaban liderados por John Henry Newman, Richard Hurrell Froude, Edward Pusey, John Keble y F. W. Faber. Dijeron: "Debemos arreglar la iglesia, devolverla a lo que era y ponerla de vuelta en las manos de Dios y fuera de las manos de los hombres". Este era su objetivo básico. Dijeron: "Debemos tratar a la iglesia como algo divino y no como algo humano, no como algo que los miembros del Parlamento puedan mover de un lado a otros, sino como algo que Dios dirija. ¿Cómo podemos hacerlo?". Como estaban muy metidos en este Movimiento Romántico, dijeron: "Lo haremos volviendo a lo que éramos".

En lugar de volver al Nuevo Testamento, como intentaron hacer los Hermanos, se remontaron a la Edad Media y a los padres latinos y griegos. Así que comenzaron a enseñar las cosas más extraordinarias y las publicaron en una serie de pequeños tratados, unos 120 en total, por lo que algunos se refieren a esto como el Movimiento Tratadista. Estas son algunas de las cosas que enseñaban: que los únicos ministros válidos son los que han sido ordenados por los obispos; que los únicos obispos válidos son los que pueden reclamar una sucesión que se remonta a 2000 años atrás hasta Cristo; que cuando un bebé es bautizado nace de nuevo del Espíritu y se convierte en cristiano; que un sacerdote realmente convierte el pan y el vino en el cuerpo y la sangre de Cristo. John Henry Newman escribió esto en uno de sus tratados y es donde realmente fallaron: dijeron que está perfectamente bien que un clérigo de la Iglesia de Inglaterra diga que cree en los 39 Artículos y se reserve el derecho de darles su propio significado.

Ahora bien, esto fue un golpe en el corazón de la Iglesia de Inglaterra y se armó tal alboroto por esto que John Henry Newman se fue y se unió a la Iglesia Católica Romana y se convirtió en cardenal en ella, y muchos de los otros tratadistas de Oxford hicieron lo mismo. La tragedia es que no hubieran hecho esto en primer lugar, porque el efecto de su trabajo fue que cambió la Iglesia de Inglaterra radicalmente: en lugar de que su trabajo se derrumbara cuando se fueron y se unieron a Roma, la iglesia dice: "Tenemos obispos que se remontan a mucho tiempo atrás".

He aquí un párrafo del obispo Knox, que escribía en 1933: "Probablemente incluso Newman o Pusey se asombrarían si pudieran visitar los escenarios de sus antiguas labores y pudieran ver a los obispos con mitras e investidos con cofias y casullas, clérigos e iglesias tan ornamentadas que no se distinguen de las de Roma, imágenes de la virgen María con luces encendidas ante ellas, píxides, custodias y evidencias similares de la adoración de la hostia, y pudieran escuchar la misa ofrecida en las iglesias anglicanas para los vivos y los muertos". Este movimiento, que buscaba hacer el bien, devolvió la práctica romana a la Iglesia de Inglaterra, y se puede ver el efecto de este movimiento en la mayoría de las iglesias parroquiales de esta tierra.

Todo esto es crítico, y creo que fue lo más trágico que le sucedió a la Iglesia de Inglaterra desde la Reforma. En el siglo siguiente arruinaría las conversaciones con el metodismo, porque lo que llevó a esas conversaciones a un punto muerto fueron los anglo-católicos, que insistieron en que cualquier iglesia unida debe tener una sucesión de obispos que se remonta a la Edad Media y a lo largo de la Edad Media.

Dicho esto, puedo decir que hicieron muchas cosas buenas también. Produjeron himnos que muestran una profunda piedad. Y, gracias a su seriedad sobre la religión, por su deseo de que la iglesia sea algo divino y de poner a Cristo en el centro de su pensamiento, me encuentro con mucho más en común con el anglicano alto que con el amplio, y creo que los anglicanos evangélicos le dirían lo mismo.

Si tan solo pudiéramos dejar el lado romano, el lado de los obispos y todas las vestimentas y todo el lado del ritual y la liturgia. No creo que eso sea necesario para que la iglesia sea lo que debe ser, pero sí se necesita la centralidad de Cristo.

Estos son algunos de los himnos que estos hombres escribieron. John Keble: *Blest are the pure in heart*; *New every morning is the love*. John Henry Newman: *Praise to the Holiest in the height*; *Lead, kindly light, amidst the encircling gloom* (Guía, luz bondadosa, en medio de la oscuridad circundante). Recuerdo que una pareja preguntó si podían tener ese himno en su boda y pensé: "¡Qué himno para elegir!". Faber escribió: *My God, how wonderful Thou art*; *There's a wideness in God's mercy*. Pusey escribió: *My God, how wonderful Thou art*; *There's a wideness in God's mercy*. Otros escribieron: *Good Christian men, rejoice*;

Jerusalem the golden; *O happy band of pilgrims*; *See amid the winter's snow*; *Jesus, the very thought of Thee*; *When morning gilds the skies*.

Nos dieron algunos de nuestros mejores himnos. En un himno anglo-católico siempre se tiene la sensación de que Dios es santo, de que la iglesia debe ser santa. La tragedia es que esto se mezcló con tanto "retorno" —retorno romántico al ritual y a la liturgia de la Edad Media— y ha disimulado esta profunda piedad que estaba en el corazón.

Terminamos a finales de 1850, y en el próximo capítulo quiero analizar los cincuenta años más grandes desde un punto de vista evangélico.

Dos hombres estaban ocupados escribiendo en 1850 e iban a ser el mayor factor de obstaculización de la fe cristiana en los próximos cien años. Uno de ellos iba a barrer el cristianismo casi de la faz de un tercio del mundo. Era un judío alemán, que escribía en el Museo Británico. ¿Su nombre? Karl Marx, que estaba escribiendo su libro *Das Kapital*. Ya había publicado el *Manifiesto comunista* algunos años antes, pero ahora se sentaba a escribir un libro que iba a cambiar el curso de la historia. Charles Darwin, tras un viaje en el *HMS Beagle* por las islas del Mar del Sur, estaba escribiendo *El origen de las especies*. *Das Kapital* y *El origen de las especies* iban a ser utilizados, casi en contra del conocimiento de sus autores, y ciertamente en contra de la voluntad y el deseo de Darwin, para atacar la fe cristiana como nunca antes había sido atacada en la historia. Es como si el cielo se estuviera preparando para este ataque; como si Dios, el Espíritu Santo, supiera que iba a llegar y decidiera, en 1859, derramar sobre Inglaterra tal avivamiento, tal movimiento del Espíritu Santo, tal cambio de la sociedad y de los hombres y mujeres, tal incorporación de miles de personas en el reino de Dios, que fuera capaz de llevar a la iglesia a través de esos próximos cincuenta años.

Cristo guardaría su iglesia. Cristo iba a construir su iglesia. No nos dijo que lo hiciéramos nosotros, sino que dijo: "Yo edificaré mi iglesia". Al estudiar la historia de la iglesia puedo ver a Jesucristo de pie en las sombras, enviando su Espíritu Santo cuando es necesario para fortalecer a su pueblo, para sacarlo adelante. La única sociedad que nunca desaparecerá de este mundo nuestro es la iglesia de Jesucristo. No desaparecerá hasta que él vuelva, y entonces la iglesia completa reinará con él en gloria. Alabado sea su nombre.

10

EL SIGLO XIX (2)
1850 - 1900

De 1850 a 1900 fue la era de las mujeres. Fue reinada por una mujer que dio nombre a la época, La era victoriana. El periodo que vamos a considerar ahora es, en realidad, el reinado de la reina Victoria. También fue el período de Florence Nightingale y de muchas otras mujeres famosas.

Era una época de ir a la iglesia. Un domingo normal de febrero de 1851 se hizo un censo de la asistencia a la iglesia en Inglaterra y el 40% de la población inglesa estaba en la iglesia. La mayoría de nosotros nos damos cuenta de que en la época victoriana había mucha más gente que adoraba a Dios que en la actualidad. Le debemos mucho a esa época. Un ministro me dijo (había estado en la Iglesia de Inglaterra y ahora es ministro bautista): "¡Cuando hice el cambio, pasé de la Edad Media a la era victoriana!". Creo que puedo entender lo que quería decir. Salió de una denominación cuyos edificios eran en gran parte medievales o modelados en ese estilo a una capilla o una denominación con capillas que eran en gran parte victorianas. En los años 60 observé que los himnos bautistas eran victorianos, nuestros edificios eran victorianos y me temo que, a veces, nuestra perspectiva era victoriana. Mucho de eso iba a cambiar a finales del siglo XX, pero creo que se nos podía disculpar un poco por ello, porque la época victoriana fue sin duda la mejor época del país para el evangelio. Quiero describir por qué.

Era la época en la que Gran Bretaña estaba construyendo un imperio en el que "nunca se pondría el sol". Todo esto nos suena un poco extraño hoy en día. Este fue el día en el que Gran Bretaña podría describirse como la "influencia número 1" en el mundo, un día en el que contábamos. Era el día en el que influimos en el mundo para bien de muchas maneras, porque el Espíritu Santo estaba trabajando en nuestra tierra.

Quiero dividir lo que tengo que decir en dos partes: "Lo que el Espíritu Santo hizo durante estos cincuenta años" y "Lo que el diablo hizo durante estos cincuenta años". La segunda es una de las partes más tristes de la historia que he estado tratando de mostrarle.

Veamos primero las cosas agradables. Quiero preguntar qué hizo el Espíritu Santo en la década de 1850, en la de 1860, en la de 70, en la de 80 y en la de 90. En cada década hubo alguna obra destacada del Espíritu Santo, por la que todavía estamos agradecidos a Dios y de la que aún disfrutamos los beneficios.

Para comenzar con la década de 1850, en 1857 estalló un avivamiento. El Espíritu Santo arrasó con poder y llevó a dos millones de personas a la iglesia en dos años. No surgió en Inglaterra. Surgió en Estados Unidos en 1857, y en pocos años un millón de personas en Estados Unidos se convirtieron y se unieron a la iglesia. Desde Estados Unidos el avivamiento se extendió como un fuego de pradera, Úlster en Irlanda del Norte, y desde Úlster se extendió a Inglaterra. Para 1859, dos años después de haber comenzado en Estados Unidos, Inglaterra estaba disfrutando del avivamiento. En Inglaterra, como en Estados Unidos, un millón de personas fueron añadidas al cuerpo de Cristo en muy pocos años. Es una historia apasionante. Si quiere leer sobre ella, lea el libro de J. Edwin Orr *The Evangelical Awakening*. Obtuvo su doctorado por escribirlo. Es un maravilloso relato del Espíritu Santo de Dios moviéndose en el avivamiento.

El significado de este avivamiento fue que por primera vez Estados Unidos estaba liderando a Inglaterra espiritualmente. Esto ha sido un patrón desde entonces. Durante los 100 o 150 años anteriores, Inglaterra tomó la iniciativa y envió el evangelio a Estados Unidos. Fue desde Inglaterra que la vida pasó al otro lado del Atlántico. Desde 1857, ha sido en la otra dirección. Esto a veces causa resentimiento en este país. Decimos: "¿Por qué no se quedan y convierten a los rufianes de Nueva York y Chicago? ¿Por qué enviar a evangelistas estadounidenses aquí?". Curiosamente, los británicos no hablaban así cuando enviaban evangelistas allí. Somos tan "unidireccionales" en nuestro pensamiento que no podemos soportar estar en el extremo receptor. Pero así es como había llegado, y durante los últimos cien años Estados Unidos ha estimulado, una y otra vez, nuestra vida espiritual. En los cien anteriores, nosotros habíamos estimulado la suya.

Durante el comienzo del avivamiento, en 1857, un joven empresario de veinte años, Dwight L. Moody, se convirtió. Aunque continuó en su negocio por algunos años, finalmente decidió que el Señor quería que predicara el evangelio. Encontró un hombre que podía cantar llamado Ira D. Sankey, y Moody y Sankey emprendieron sus viajes y yo diría que, a pesar de las grandes cosas que hemos visto en este siglo, nunca ha habido un evangelista tan grande de Estados Unidos como Dwight L. Moody en su época. Los resultados de sus campañas están todavía con nosotros.

El resultado de ese avivamiento en la década de 1850 fue que en la década de 1860 tuvimos una cosecha de grandes hombres que debían su vida espiritual a la década anterior, y que cambiaron el curso de la historia cristiana. Solo quiero elegir a tres de ellos para darle una idea de la calidad de los que surgieron de ese avivamiento.

En primer lugar, el Dr. Thomas Barnardo. Era un médico que se estaba formando para salir como misionero a China, pero nunca llegó más allá de Londres. ¿Por qué? Porque una noche encontró a un niño y le dijo: "¿Por qué no estás en tu casa?", y el niño respondió: "No tengo casa a la que ir".

El Dr. Barnardo se sorprendió y dijo: "Pero seguro que tienes alguna casa".

El niño respondió: "No, no tengo. Ni ninguno de nosotros".

"¿Ninguno de ustedes? ¿Cuántos son?".

"¡Cientos!".

"Muéstrame".

El pequeño niño del East End de Londres llevó al Dr. Barnardo por los lugares, los almacenes, levantó las lonas y le mostró los niños. El Dr. Barnardo se dio cuenta de que Dios quería que se quedara en Londres y no fuera a China, y que atendiera las necesidades de esos niños. No creo que haya ningún lector de las Islas Británicas que no conozca el nombre del Dr. Barnardo o que no haya oído hablar de los hogares que fundó para esos niños, que tenían este lema: *No se rehúsa la admisión a ningún niño indigente* o, en lenguaje popular, la "puerta siempre abierta".

Otro hombre que fue levantado por Dios en la década de 1860 como resultado de ese avivamiento en la década de 1850 fue William Booth quien, con su esposa Catherine, comenzó algo que está con nosotros hasta el día de hoy, el Ejército de Salvación. William Booth era un ministro metodista, pero para este tiempo el metodismo se había vuelto demasiado respetable y no estaba ganando almas como solía hacerlo. Se vio tan animado por el avivamiento que salió a las calles y logró que la gente se convirtiera. Predicaba usando cualquier método. Tocaba un tambor, tocaba una trompeta, hacía cualquier cosa para llegar a la gente y ganarlos para el Señor. Pero esto no era muy aceptable para sus superiores en la denominación. En una memorable Conferencia del Metodismo se le pidió a William Booth que dejara de hacer esto y no hiciera tanta evangelización no convencional. Cuando se paró frente a ellos y vaciló, una voz de mujer desde la galería gritó: *"¡Nunca, William! ¡Nunca!"*. Catherine realmente inició el Ejército de Salvación en ese momento.

Se sumergieron en el East End de Londres y encontraron una necesidad indescriptible. Por esa época, un gran explorador, cuyo nombre ustedes conocen [Henry Stanley], regresó de África y publicó *In Darkest Africa* (África tenebrosa).

Un año más tarde, William Booth publicó *In Darkest England – and the Way Out* (Inglaterra tenebrosa, y el camino de salida) en el que descubrió las necesidades económicas, sociales y morales de Londres. Reunió a su alrededor a un grupo de hombres y mujeres y, finalmente, en la década de 1870, dijo: "Debemos ser un ejército para Cristo", Organizó este grupo como un ejército, con uniformes, con bandas, con órdenes superiores, con una rígida disciplina, y libró sus batallas.

Una de las grandes batallas de las que me gusta oír hablar es la de las reuniones al aire libre. Había muchos lugares a los que no les gustaban las reuniones al aire libre. Uno era el exclusivo centro turístico de la costa sur llamado Eastbourne. No les gustaba la religión en las calles y tenían una ley que decía que cualquiera que lo hiciera seria llevado a la estación de policía. El grupo local de soldados del Ejército de Salvación tuvo su reunión al aire libre y fue llevado a la estación de policía. William Booth envió una orden a todos los soldados disponibles en toda Inglaterra: *"¡Vengan a Eastbourne y comiencen una reunión al aire libre!"*. Cada tren que llegaba a Eastbourne descargaba más soldados, y tuvieron sus reuniones. La estación de policía estaba llena. Tomaron una escuela local, arrestaron a más y la llenaron. Pero ganaron su batalla y Eastbourne finalmente capituló a la invasión de este ejército. Entonces pudo ir a cualquier otro lugar y decir: "¡A Eastbourne no le molestan las reuniones al aire libre!". La batalla fue ganada. Sufrieron violencia, se burlaron de ellos, fueron incomprendidos, pero siguieron adelante.

Una cosa que William Booth se negó a hacer, que puede o no haber sido un error, no lo sé, fue ser una iglesia. Por eso se negó a bautizar o tener la Cena del Señor, porque su único objetivo era tomar personas, llevarlas a Cristo, ponerlas en una iglesia y terminar con ellas y dejar que la iglesia continuara. Si hubiera funcionado habría sido genial, pero no funcionó. Las iglesias de su tiempo, como un siglo antes con los conversos de los metodistas, no querían recibirlos y tuvo que proveerles una comunidad. Así que hasta el día de hoy han permanecido separados en su cuerpo, todavía sin el bautismo y la cena del Señor. Es interesante que tuve una charla con el General Coutts que me dijo que muchos oficiales sienten que deberían tener estas cosas y que las estaban perdiendo. Pronto se sumergieron en las actividades sociales y en el trabajo de bienestar y yo diría que la gente de fuera los conoce más por su trabajo social que por el espiritual. Pero creo que a mediados del siglo XX llegó un resurgir de su vida, un nuevo enfoque de los problemas y un deseo de cambiar los métodos. Dios va a utilizar el Ejército de Salvación de nuevo en el futuro, de una gran manera.

El tercer hombre que analizaremos es Hudson Taylor. Recordamos de nuevo que todas estas grandes figuras fueron producto del avivamiento de la década de 1850 y aparecieron en el frente del escenario en la década de 1860 y 1870. La fecha a recordar es 1865. Apenas me atrevo a empezar a contarles algo de la vida de este muchacho de Yorkshire, de su crisis espiritual a orillas de un balneario de la costa del sur mientras luchaba con Dios, y cómo Dios lo quebró y ganó la batalla; de este hombre que estaba tan terriblemente preocupado por los millones que morían en China, y que salió a causa de esa carga.

Basta con decir que de su trabajo surgió la China Inland Mission, que se convirtió en la Overseas Missionary Fellowship (OMF).

Esa misión cambió el patrón de trabajo misionero, de manera bastante decisiva, para una gran parte de la extensión hacia otras tierras. Dos diferencias entre su enfoque de la labor misionera y el de todas las sociedades anteriores han afectado al pensamiento de todos desde entonces. Por un lado, hizo algo mucho más amplio que las sociedades anteriores. Por otro lado, hizo algo que era mucho más estrecho. En la escala más amplia, estaba preparado para tener misioneros de cualquier denominación en su misión. Antes de eso, uno tenía la Sociedad Misionera Bautista, la Sociedad Misionera Metodista, la Sociedad Misionera de Londres, la Sociedad Misionera de la Iglesia (o de la Iglesia de Inglaterra), sociedades confesionales. Ahora, por primera vez, había una nueva misión que era interdenominacional y más amplia en su base.

La otra cosa sobresaliente fue mucho más estrecha, y es algo que ha causado una gran cantidad de discusión y debate desde entonces. Se refería a las finanzas y los reclutas. Previamente, la necesidad de dinero y de reclutas siempre se compartía con la iglesia en general, y se esperaba que toda la iglesia tuviera la fe para el dinero y los hombres. La Sociedad Bautista en la India escribía a casa y decía a toda la iglesia: "Esta es nuestra necesidad de dinero, de hombres, de cualquier otra cosa", y la iglesia, como familia toda de Dios, se ponía bajo la carga, oraba y buscaba lo que se necesitaba.

Pero desde el inicio de la China Inland Mission en adelante se decidió que esto estaba mal, que era una falta de fe hacer algo más allá que notificar al Señor, y las necesidades de hombres y dinero se mantuvieron dentro de la misión y no se compartieron con la iglesia. En otras palabras, la familia que debía ejercer la fe se limitaba ahora a los que estaban realmente en el campo o en la misión. En este sentido, eran más estrechos.

Yo diría que está bien que unos hagan una cosa y otros otra, según guíe el Señor, pero por estos dos principios y particularmente el segundo, Hudson Taylor pasó a ser apodado un "misionero de la fe", y el término "misión de fe" surgió en este momento. Creo que es una gran pena que haya surgido. Era un apodo. Él no lo eligió. Otros lo eligieron por él. Implicaba que todas las otras sociedades antes de él no eran misiones de fe. Yo diría que la fe se ejercía de forma diferente. Ellos eran dirigidos de una manera y otras sociedades, de otra.

De la China Inland Mission ha salido toda una serie de otras Sociedades Misioneras en el periodo que estamos considerando. Podrían mencionarse Africa Inland Mission, Regions Beyond Missionary Union y muchas otras. Todas eran interconfesionales, pero limitaban su mención de las necesidades a la misión y no se sentían libres de mencionar las necesidades, especialmente de dinero, a la iglesia en general. Esta es la importancia de Hudson Taylor. Cambió el pensamiento misionero a partir de 1865.

Gran Bretaña, durante este período, seguía liderando el mundo en el esfuerzo misionero, pero estaba siendo rápidamente superada por los estadounidenses, como señalamos en otra parte.

En la década de 1870, detecto un movimiento para la profundización de la vida espiritual en esta tierra. Comenzó en 1870 en Mildmay, Londres, donde el vicario, William Pennefeather, construyó una gran sala con capacidad para 2.500 personas y la abrió para celebrar reuniones con el fin de convertir a la gente en mejores cristianos. Dos años más tarde, dijo al Sr. Moody: "¿Vendrá usted a predicar para nosotros?". Este fue el momento en que Moody y Sankey llegaron a Gran Bretaña.

Vinieron en 1873, y en ese año predicaron a dos millones y medio de personas solo en Londres. Eso era sin circuito cerrado de televisión y sin los modernos agentes de publicidad y sin ninguna de las ayudas para las grandes reuniones que tenemos hoy. Recorrieron Irlanda, Inglaterra, Escocia, y dondequiera que fueran, ricos y pobres, educados y analfabetos, acudían a escuchar a este evangelista estadounidense. Los himnos de Sankey se seguían utilizando en el siglo XX. Creo que la música contribuyó tanto como la predicación. Los dos formaban un equipo perfecto.

Uno de los resultados fue que cuando Moody regresó a los Estados Unidos, un grupo comenzó a reunirse para buscar la vida llena del Espíritu. Entre ellos estaba el vicario de Keswick, el Rev. T. D. Harford-Battersby, y un cuáquero, Robert Wilson. Se reunieron como un pequeño grupo para ser llenos del Espíritu. Como resultado, el vicario de Keswick dijo: "¿Por qué no tener una Convención en Keswick, en el Distrito de los Lagos para ayudar a la gente a hacer precisamente esto?". En 1875, se celebró la primera Convención de Keswick. Ahora puede ir por todo el mundo y encontrará este nombre. Puede ir a Nueva Zelanda a la Convención de Keswick. Puede ir a Estados Unidos a la Convención de Keswick.

En 1876, al año siguiente, un grupo de estudiantes cristianos se reunió en Cambridge y comenzó lo que llamaron Cambridge Inter-Collegiate Christian Union (Unión Cristiana Intercolegial de Cambridge), conocida coloquialmente como CICCU. Si ha estado en Cambridge, sabrá lo que significa CICCU. En 1879, comenzó la OICCU (también conocida como Oxford Inter-Collegiate Christian Union, Unión Cristiana Intercolegial de Cambridge) y en toda Inglaterra surgieron uniones cristianas que finalmente quedaron vinculadas en lo que entonces se llamaba el SCM, Student Christian Movement (Movimiento Estudiantil Cristiano). Así pues, las "Uniones Cristianas" y SCM eran originalmente uno, y las Uniones Cristianas se reunían en SCM.

En la década de 1880, lo mejor que ocurrió fue que, por primera vez en más de doscientos años, hubo una nueva traducción de la Biblia, pero, por desgracia, nunca fue popular ni se puso de moda. Se llamaba la Versión Revisada de 1880. Hace muchos años me fascinó ver la Biblia de C. T. Studd, o una de ellas. Tenía una nueva cada año, porque las usaba a ese ritmo. Estaba llena de sus notas, líneas y comentarios, y había utilizado la Versión Revisada de 1880. Pero otras cosas estaban sucediendo en 1880 con relación a C. T. Studd. En 1882, Moody fue a Cambridge y la gente dijo: "¿Un avivamentista en Cambridge, en un ambiente intelectual? ¡Nunca! Será un fracaso". Pero D. L. Moody llegó y ocurrieron cosas tremendas en esa universidad entre los intelectuales que decían, por aquel entonces, que el cristianismo era anticuado y los científicos han demostrado que está equivocado. Como resultado, dos años más tarde, siete estudiantes y deportistas famosos partieron hacia China, entre ellos el jugador de cricket Studd. Lo que siguió a su trabajo, incluida la Cruzada Mundial de Evangelización con 1.100 misioneros y su sede local en Bulstrode Park, surgió de la visita de Moody a Cambridge.

Ahora bien, algo estaba sucediendo en Estados Unidos entre los estudiantes en esta época, en la Universidad de Princeton. En 1886, un estudiante llamado Robert Wilder reunió a otro grupo de estudiantes a su alrededor y dijo: "Oremos para que mil estudiantes vayan al extranjero como misioneros para predicar el evangelio". Muy pronto tuvieron cientos de estudiantes ofreciéndose para ir como misioneros. Se llamaron a sí mismos Student Volunteer Movement (Movimiento Estudiantil Voluntario). Esta idea se extendió por el mundo estudiantil y en una reunión en Edimburgo en la década siguiente, en 1892, se inauguró formalmente el Movimiento Estudiantil Voluntarios con el lema "La evangelización del mundo en esta generación". Este era su objetivo, y muy pronto un millar de estudiantes estaban en el campo. En veinticinco años, nueve mil estudiantes fueron al extranjero a predicar el evangelio. Uno de los líderes de este movimiento fue un gran hombre llamado John R. Mott. Tal vez haya escuchado ese nombre. Fue convertido, humanamente hablando, por el hermano de C. T. Studd. En 1895, Christian Endeavour, que había comenzado como una pequeña reunión en una iglesia congregacional en Londres, se convirtió en World Christian Endeavour Union, y se convirtió en otra extensión mundial de actividad cristiana.

Este es el tipo de cosas que el Espíritu Santo estaba haciendo en este medio siglo y, como imaginará, de este fermento de vida espiritual surgieron himnos y predicadores.

Algunos de los más grandes predicadores surgieron en este período. Charles Haddon Spurgeon fue uno, Keir Hardie, el fundador del Partido Laborista Independiente, fue otro gran evangelista. En el Partido Laborista original había muchos cristianos. Hugh Price Hughes, F. W. Robertson de Brighton y muchos otros grandes predicadores, pueden ser solo nombres para usted, si es que lo son; pero los himnos sobrevivieron. Torrey y Alexander fueron otros dos que vinieron de Estados Unidos: Torrey, el predicador, y Alexander, el cantante.

Estos son algunos de los himnos que surgieron de este período. Frances J. van Alstyne, esa niña ciega, escribió *To God be the glory; Fill Thou my life; Praise Him, Praise Him, Jesus our blessed Redeemer, Jesus is tenderly calling; Blessed assurance Jesus is mine; Rescue the perishing.* Frances Ridley Havergal: *Master, speak Thy servant heareth; Lord, speak to me that I may speak; Take my life and let it be; Who is on the Lord's side?* Christina Rossetti: *In the bleak midwinter; None other Lamb.* Sra. C. F. Alexander: *There is a green hill far away; All things bright and beautiful.* Harriet Beecher Stowe: *Still, still with Thee.* Anna Letitia Waring: *In heavenly love abiding; My heart is resting, O my God.* Arabella Catherine Hankey: *I love to tell the story.*

Todo esto incluso inspiró al primer ministro para intentarlo, y William Ewart Gladstone estaba escribiendo himnos. Cuando uno tiene a un primer ministro inglés, entre reuniones de gabinete, escribiendo himnos, tiene algo. Fue una gran explosión de cantos de himnos.

Parecía que la iglesia iba a arrasar en el siglo XX y hacer que el mundo fuera cristiano en muy poco tiempo, y en 1900 muchos cristianos creían que el mundo sería "cristiano" a más tardar en 1930. Entraron en el siglo XX creyendo que el Milenio estaba casi aquí. Tal había sido el flujo de vida espiritual desde 1857 hasta 1900, que pensaban que nada podría detener el evangelio ahora.

Pero el diablo estaba muy ocupado, y durante estos cincuenta años había hecho cinco cosas que iban a llevar el evangelio casi a un punto muerto en algunas partes del mundo y que iban a ayudar a matar a la iglesia en Inglaterra en un grado notable. El diablo no iba a quedarse sentado y dejar que esto ocurriera sin presentar batalla. (Sus días están contados y creo que ha perdido la batalla).

Desde la misma área de Estados Unidos donde el avivamiento había comenzado, estaba levantando sectas falsas que venían con una Biblia en sus manos y decían ser cristianos. Desde las costas del este de Estados Unidos, esto es lo que había planeado. Estaban los mormones, en 1830, con los cuentos fantásticos de Joseph Smith sobre el hallazgo de un libro de oro que, desafortunadamente, el ángel le quitó para que no pudiera producirlo después. Estaban los Adventistas del Séptimo Día en 1831, los espiritistas en 1848, la Ciencia Cristiana en 1876 y los Testigos de Jehová en 1881.

Casi todas estas sectas comenzaron en la costa atlántica de Estados Unidos. A menudo, en el corazón de ellos había una visión pervertida del regreso de Cristo. Usted y yo tenemos que responder a nuestra puerta a hermanos del otro lado del Atlántico que buscan proveer este cristianismo pervertido. Varían, y algunos están mucho más cerca de la posición cristiana que otros. Los Adventistas del Séptimo Día están mucho más cerca que los Testigos de Jehová. Los Testigos de Jehová son tal vez la mayor secta que surgió en este período.

Lo fundamental en lo que caen muchos de ellos es esto: no creen que Jesús sea Dios. Sin embargo, tienen una Biblia en sus manos y pueden sacar textos de ella para embaucarnos, y creen que son los únicos que conocen la Biblia. La única defensa contra ese tipo de cosas es una persona que conozca mejor su Biblia. Francamente, la mayoría de sus conversos provienen de feligreses que no han recibido enseñanza bíblica en su iglesia. Es tan simple como eso.

Esa fue la primera reacción del diablo. Hoy en día puede encontrar Testigos de Jehová en partes del mundo donde no puede encontrar misioneros. Se encuentran entre las personas más fervientes y ardientes con las que se puede encontrar. De hecho, si voy a una puerta con una larga gabardina y llevo un maletín, seguramente pensarán que soy uno de ellos y tendré que dar explicaciones enseguida. Esta es la medida de la movilización de fuerzas que el diablo tiene a su disposición. Es una tragedia que ese celo esté mal orientado.

La segunda cosa que hizo el diablo durante estos cincuenta años fue hacer a la iglesia romana más romana que nunca y endurecerla en ciertas cosas. En la primera parte del período, el papa revivió a los jesuitas, lo cual fue un golpe maestro y ellos se establecieron en muchas tierras. En 1850, el papa restableció la jerarquía inglesa y dijo: "Ahora podemos continuar donde Inglaterra lo dejó en el reinado de Enrique VIII". En 1854, los jesuitas persuadieron al papa para que empezara a decir cosas sobre María que no estaban en la Biblia. Dijo que María había nacido sin pecado. Eso es lo que se entiende por "concepción inmaculada" de la Virgen María. Durante siglos, la iglesia romana se consideraba infalible, pero nadie sabía en qué consistía la infalibilidad. En 1870, el papa convocó el primer Concilio Vaticano desde el Concilio de Trento, cientos de años antes, y casi los conmocionó a todos al anunciar que la infalibilidad de la iglesia reside en el papa. Solo en 1870 se declaró que el papa es infalible cuando se sienta en su "trono", su "cátedra" y habla *ex cathedra*, desde su asiento, sobre lo que debemos creer o cómo debemos comportarnos.

Lo curioso es que hasta 1950 no se ejerció esa prerrogativa. El papa dijo: "Puedo hablar infaliblemente", pero nunca lo hizo hasta 1950, cuando proclamó la asunción corporal de la Virgen María, es decir, que fue al cielo y ascendió con su cuerpo. Ahora bien, es extraño que no hayan utilizado esa enseñanza, y la razón por la que no lo hicieron fue porque no todos los católicos romanos estaban de acuerdo con ella. Pero él lo había dicho y esto endureció a Roma y le dio un deseo más fuerte que nunca de poner a todo el mundo bajo la autoridad de un papado infalible. ¡Ese fue un golpe de Satanás!

El tercer golpe de Satanás fue en el ámbito científico. Ahora debo tener cuidado aquí. No estoy en contra de la ciencia. Pasé tantos años en la universidad estudiando ciencia como teología. En 1859, Charles Darwin, que había sido destinado al ministerio, y era el nieto de Josiah Wedgwood, el hombre de la alfarería, y nieto del hombre que primero pensó en la evolución, Erasmus Darwin, que escribió sobre ello muchos, muchos años antes (Charles Darwin no fue original aquí, simplemente produjo el esquema y las ideas de su abuelo) publicó *Sobre el origen de las especies*. Justo antes de publicarlo, descubrió que un hombre llamado Alfred Russel Wallace había publicado un ensayo sobre exactamente lo mismo y había llegado a las mismas conclusiones. Darwin decidió retirar su libro y dejar que Wallace se llevara todo el mérito. Sin embargo, Wallace era un hombre muy humilde y dijo: "No, deja que tu libro se publique. Dice lo mismo". Estoy seguro de que la mayoría de la gente hoy en día no conoce el nombre de Alfred Russel Wallace, pero todos conocen el nombre de Charles Darwin. Él se llevó el mérito porque su libro salió a la luz.

En este libro no dijo que "los hombres provienen de los monos". Si tiene la idea de que Charles Darwin dijo eso, descártelo, porque nunca lo dijo. Su idea era que los monos y los hombres provienen de otra cosa en común. Ahora bien, eso es algo muy definido y es muy importante entender lo que dijo. Era una teoría, una conjetura, y lo sigue siendo. Todavía hay pruebas totalmente inadecuadas para convertirla en un hecho científico.

La tragedia es que se enseña a nuestros hijos como un hecho comprobado, cuando todavía es una hipótesis interesante y no está ni mucho menos probada. Lo que realmente ocurrió fue esto. Así termina Darwin: *"No veo ninguna buena razón por la que las opiniones expuestas en este volumen deban escandalizar los sentimientos religiosos de nadie. Hay grandeza en esta visión de la vida con sus diversos poderes, habiendo sido originalmente insuflada por el Creador en unas pocas formas o en una sola"*. En otras palabras, él creía en un Creador, y Charles Darwin quedó destrozado cuando la gente de todo el país dijo: "Charles Darwin demuestra que no existe un Creador". Él dijo: *"Nunca probé eso y nunca dije eso. Simplemente dije que: 'Así nos hizo el Creador'. No descarto al Creador"*. Pero la gente empezó a decir: *"Bueno, si no se necesitaba un Creador para hacer las distintas especies, ¿por qué se necesita el Creador? Todo se hizo a sí mismo"*, y la opinión de que el mundo se creó a sí mismo se impuso.

Pero hubo malentendidos de ambas partes. Esto fue visto como una contradicción directa del libro del Génesis, y la batalla comenzó, lo cual es muy desafortunado. Ninguna de las partes entendía realmente lo que decía la otra. La gente decía "la evolución es un hecho probado", cuando no lo era, y la gente suponía que la Biblia decía cosas que no decía. El resultado fue un impasse total. Solo unos pocos grandes cristianos como Henry Drummond en Escocia trataron de llegar a algún tipo de entendimiento de que la verdad en la ciencia y la verdad en las escrituras no pueden contradecirse entre sí porque Dios es la verdad y él hizo ambas: el mundo que investiga la ciencia y la escritura que leemos.

Es una batalla que, me temo, hizo que miles de personas abandonaran la iglesia. Creían que no se podía creer en la ciencia y en las escrituras. Gracias a Dios hemos crecido un poco desde aquellos días y nos hemos dado cuenta de que hay mucho más que decir al respecto.

La tercera área de ataque fue que el diablo inculcó en las mentes de las personas que no se podía seguir creyendo en las escrituras sin negar la ciencia o que no se podía creer en la ciencia sin negar las escrituras. Esa es una falsa antítesis. No tenemos que elegir entre dos verdades. La verdad es una sola, y lo que la ciencia demuestra (y no solo las conjeturas o teorías) debe coincidir con lo que Dios ha dicho, porque Dios es la verdad.

La cuarta cosa que hizo el diablo fue difundir ideas ateas y agnósticas. Lo hizo a través de personas como Thomas Carlyle que, cuando se convirtió en agnóstico, se estaba formando para el ministerio de la Iglesia de Escocia. Lo hizo a través de personas como Mary Ann Evans, más conocida por su seudónimo de George Eliot, autora de *Mill on the Floss* (El molino del Floss). Lo hizo a través de John Stuart Mill y el escepticismo en el corazón de su filosofía. Lo hizo a través de Herbert Spencer, un agnóstico. Lo hizo a través de los alemanes, especialmente a través de hombres como Schopenhauer y Feurbach, que dijo: "El hombre ha hecho a Dios a *su* imagen y semejanza y Dios es simplemente un sueño". Lo hizo a través de gente como Nietzsche, que decía que "la voluntad de poder es lo único que mueve a los hombres" y "los judíos y los cristianos tienen una mentalidad y una moral de esclavos". Fue sobre las ideas de Nietzsche que Hitler llegó al poder y construyó su vida.

Muchas de estas personas provenían de un trasfondo cristiano. Robert Green Ingersoll dedicó deliberadamente su vida a viajar por Inglaterra y dar conferencias sobre el ateísmo. En aquellos días, si uno quería ser travieso iba a una. Un día un gran cristiano vio a Ingersoll parado en una parada de autobús bajo la lluvia. Se acercó a él y le dijo:

"Sr. Ingersoll, acabo de ver una cosa terrible". Ingersoll dijo: "¿Qué cosa?". Dijo: "Acabo de ver a una anciana cruzar la calle tambaleándose y apoyándose fuertemente en un bastón. Un joven fue y le quitó el bastón y ella se cayó, y él la dejó luchando en el barro". El Sr. Ingersoll dijo: "¿Dónde está? ¿Quién ha hecho esta cosa tan espantosa?". Y el cristiano dijo: "Ha sido usted. Usted viaja por este país derribando la fe de la que la gente ha dependido y los deja luchando sin nada en su lugar". Fue una reprimenda adecuada, pero el diablo estaba difundiendo estas ideas.

Un hombre que escribió en este período y publicó su libro en 1867, cuyo ateísmo declarado iba a barrer la religión de un tercio del mundo en una etapa del siglo XX, fue Karl Marx, a través de su libro *Das Kapital*. La frase del libro que tomó prestada de Charles Kingsley, autor de *Los niños del agua*, fue: "La religión es el opio del pueblo". Decía que, cuando el capitalismo desapareciera, la religión también debía desaparecer. Ese libro se convirtió en una de las principales armas del diablo para poner a millones de personas bajo la enseñanza atea.

La última arma que el diablo tenía, y la más sutil de todas, y con la que ganó la mayor batalla en el siglo XX, fue que la gente comenzó a tratar la Biblia de manera equivocada. Es significativo que el nombre que se le dio a este tratamiento fue "Crítica".

Comenzó en Alemania, pero se extendió rápidamente a las universidades inglesas y escocesas. La idea era que la Biblia no es más que un libro humano, sujeto a todos los errores de un libro humano, sujeto a todas las ideas erróneas del pensamiento humano imperfecto, y que este libro debe ser revisado radicalmente a la luz de la investigación científica y racional. Los milagros deben desaparecer, porque la ciencia no cree en lo sobrenatural. Hay que eliminar las predicciones de los profetas, porque no se puede predecir el futuro. Todo lo divino debe desaparecer. De esta escuela surgieron algunas ideas increíbles, como la de que Moisés nunca escribió nada de lo que se le atribuye, que Isaías probablemente no lo hizo, que todos los libros están en un orden incorrecto y que, de hecho, los cinco primeros libros de la Biblia se escribieron al final y los profetas se escribieron primero. Comenzó una avalancha de cortes de la Biblia en pedazos, criticando esto y aquello, que se coló en la iglesia. El diablo sabía lo que estaba haciendo. Si podía sacudir la fe de la gente en la Biblia, sabía que habría ganado una gran batalla, y lo hizo.

Al principio, la iglesia luchó duramente. El obispo Colenso fue excomulgado porque dijo que Moisés probablemente nunca vivió y que Josué era ciertamente un mito. Fue expulsado de su obispado por decirlo. El profesor Robertson Smith perdió su cátedra de hebreo en la Universidad de Edimburgo por opiniones similares. Pero el movimiento se extendió mucho, y para 1900 los profesores que enseñaban a los jóvenes para el ministerio habían aceptado en un grado notable la escuela crítica de la Biblia, sin darse cuenta de que estos críticos no eran, de hecho, científicos, sino que estaban importando sus propias ideas filosóficas al considerar el material. Eso es algo fácil y peligroso. Para mí es fácil decidir primero lo que creo y criticar lo que no encaja con mi idea, y eso es lo que estaba ocurriendo.

Baste decir que cuando se inauguró el siglo XX, la gente en los bancos de iglesia pensaba: "Llegaremos a nuestro objetivo, la evangelización del mundo en nuestra generación. Veremos un mundo cristiano en el próximo siglo". Como dijo un primer ministro de la Inglaterra cristiana: "¡Arriba, arriba y arriba, y adelante, adelante y adelante!". La idea de la evolución no solo se aplicaba a los animales; ahora se aplicaba al hombre.

"Estamos mejorando, mejorando y mejorando. ¡Estamos en una escalera mecánica hacia Utopía!". Esa idea no se derrumbó definitivamente hasta el año 1914, cuando toda la bestialidad primitiva del hombre asomó su fea cabeza y esa idea de que íbamos mejorando y mejorando y de que el nuevo mundo estaba a la vuelta de la esquina, se derrumbó entre las trincheras de la Primera Guerra Mundial. Pero en 1900 todavía se mantenía. Por desgracia, los cristianos no se habían dado cuenta de cómo el diablo había movilizado sus fuerzas y las había puesto a trabajar, y no se dieron cuenta de que iglesia tras iglesia, capilla tras capilla en esta tierra verían disminuir sus congregaciones y verían los edificios vacíos; cómo los hombres se irían a la guerra y volverían físicamente pero no volverían espiritualmente; cómo predicador tras predicador perdería la confianza en la Biblia y no tendría nada que valiera la pena predicar; cómo incluso las opiniones sobre Cristo y el evangelio se diluirían hasta que no quedara mucho.

11

ALGUNOS ACONTECIMIENTOS DEL SIGLO XX

Los primeros años del siglo XX estuvieron marcados por un optimismo y una confianza ilimitados en el mundo occidental. Los capitalistas seguían completamente seguros en su riqueza. Los trabajadores comenzaron a beneficiarse de las luchas del sindicalismo. El Imperio Británico dominaba el mundo, o eso creían, y la marina lo mantenía protegido. El siglo XX iba a ser una Utopía, un período sin precedentes de paz y prosperidad para todos.

La doctrina de la evolución de Darwin se había aplicado ahora a la sociedad y se creía que la evolución nos llevaría a un mundo feliz. Este optimismo se vio muy pronto destrozado por dos guerras mundiales, como nunca antes había visto la raza humana, y el sufrimiento indecible y la crueldad y maldad casi bárbara de esos dos grandes acontecimientos sacudieron esa confianza.

La iglesia misma compartía ese optimismo inicial y había muchos cristianos que creían que en el siglo XX la iglesia se extendería por todo el globo y dominaría el mundo, y ciertamente las cifras eran alentadoras. En 1800, los cristianos nominales constituían alrededor del 19% de la población mundial. Al entrar en el siglo XX, esa cifra había aumentado al 29,5%, y parecía que el objetivo de extender la iglesia en todo el mundo estaba al alcance de la mano.

Pero lo que se pensaba que iba a ser un siglo fácil de progreso espiritual, físico, material y moral, se convirtió en cambio en una era de terribles conflictos. He aquí algunos de los factores que entraron en el mundo del siglo XX y que hicieron mucho más difícil la labor de la iglesia, todos ellos "ismos".

Evidentemente, el creciente *secularismo* de la sociedad fue una novedad. Hasta entonces, los cristianos luchaban con otras religiones. Ahora se enfrentaban a personas que no tenían religión. La gente vivía sin ninguna religión, mucho menos el Dios cristiano. Este creciente secularismo fue una de las cosas que produjo este conflicto del siglo XX. La propagación del *comunismo* fue otro gran factor. Se extendió sobre un tercio de la raza humana y, en general, donde el comunismo se ha extendido, la puerta a la obra misionera parecía cerrarse. Había cientos de misioneros extranjeros en China cuando comenzó el siglo XX, pero habían sido expulsados para la década de 1960, aunque cuando China se abrió posteriormente, quedó claro que muchas cosas habían estado ocurriendo clandestinamente y que el cristianismo había comenzado a explotar a gran escala.

Otro factor fue el aumento de lo que llamamos *nacionalismo*, en el que los nuevos países nacían a un ritmo fantástico y empezaban a considerar a los misioneros como extranjeros. El rótulo "imperialistas occidentales" era uno que se les colgaba al cuello a veces. La idea de que un extranjero pudiera venir a enseñarnos, a este nuevo país, la religión que debíamos tener, era cada vez más repugnante.

Estaba la "desintegración de la civilización occidental" (cito aquí al profesor Gilbert Murray), el desmoronamiento de la sociedad occidental que había sido el impulso primario de la difusión de la obra misionera, y el desmoronamiento moral y espiritual en Occidente era un factor al que la iglesia tenía que hacer frente.

Otro factor fue el resurgimiento de las religiones antiguas. Otras religiones parecían estar desapareciendo, pero en el siglo XX volvieron a crecer en algunas zonas. El budismo en Ceilán (ahora Sri Lanka) fue un ejemplo de ello. El islam, en muchos lugares, fue otro. Hubo un crecimiento de las sectas, presentando un tipo de cristianismo pervertido; de hecho, no es un cristianismo en absoluto cuando se examina cuidadosamente. Había miles de pueblos y aldeas en el mundo donde no había estado ningún misionero cristiano, pero que habían recibido la visita de un Testigo de Jehová o un mormón.

Estos, y muchos otros factores, significaron que el siglo XX fue un campo de batalla para la iglesia, y muchos pensaron que el cristianismo iba a tener que luchar por su vida. Algunos incluso llegaron a predecir que a mediados de siglo la iglesia estaría casi acabada. Pero permítanme anticipar que la iglesia nunca ha sido más grande que entonces, nunca ha estado más extendida geográficamente. Nunca ha habido más cristianos en el mundo que ahora. Eso nos ayuda a mantener el equilibrio.

Cuando uno está viviendo en una situación, es muy difícil verla objetivamente y darse cuenta de lo que es importante y duradero y de lo que es insignificante y transitorio. Repasando el siglo XX tal y como se presentaba a finales de los años sesenta, identifiqué tres cosas significativas que habían sucedido *dentro* de la iglesia y que debíamos tener en cuenta en ese momento. Creía que las cosas significativas de la historia son las que ocurren dentro de la iglesia. En última instancia, creo que Dios está escribiendo la historia del mundo y que el pueblo de Dios es la clave de la misma.

Los tres "ismos" que a finales de la década de 1960 estaban cambiando la vida de la iglesia eran: el liberalismo, el ecumenismo y el pentecostalismo. En ese momento resumí lo que estaba sucediendo en esas tres direcciones y di una evaluación de ellos.

Una de las grandes influencias en el cristianismo del siglo XX fue sin duda el liberalismo. Aunque las semillas de éste se sembraron en el siglo XIX, la flor surgió en el XX. Como muchas otras cosas, su fuente fue Alemania, que ha producido algunos de los pensadores, filósofos y teólogos más conocidos del mundo. Nos equivocamos si subestimamos la influencia de Alemania, en particular del pensamiento alemán, en todo el mundo occidental.

En general, existe un patrón. Lo que los filósofos alemanes piensan hoy, los filósofos británicos lo pensarán mañana, los filósofos estadounidenses lo pensarán pasado mañana y el resto del mundo lo considerará después. Hay una especie de patrón aquí que es un movimiento muy significativo.

¿Cuál era el corazón de lo que llamamos liberalismo? Puedo decirlo en una frase de una evaluación perspicaz titulada 'The Death and Resurrection of the Church' de Leslie Paul, un escritor anglicano que miraba a la Iglesia de Inglaterra y trataba de decir lo que necesitaba hacer en el siglo XX. Terminó el libro así: "Ninguna fe puede vivir negando su pasado y rechazando sus fundamentos". La nueva teología que marca el paso suele pedir precisamente eso. La crisis final para las iglesias es esta: "¿Qué afirma el cristianismo como fundamento último e inevitable de su fe?".

Pablo fue directo al centro de la cuestión. La crisis a la que se enfrenta la iglesia es esta: "¿Cuál es, en última instancia, el fundamento de lo que crees?", y es la respuesta a esa pregunta la que dividió a los cristianos profesantes en tres campos: liberal, católico y evangélico. Los tres hablaban de la iglesia, la Biblia y la experiencia, pero cuando la iglesia, la Biblia y la experiencia parecen decir cosas contradictorias, el fundamento último es aquel de esos tres que se elige para poner a prueba a los otros dos. El católico diría que la iglesia es el fundamento último y que la iglesia interpretará tanto la Biblia como la experiencia. El evangélico dice que la Biblia es el fundamento último y por ella debemos probar la iglesia y la experiencia. El liberal diría que nuestra experiencia es el fundamento final y por nuestra experiencia debemos probar la Biblia y la iglesia.

Esa es una simplificación excesiva, pero es lo que significa básicamente. El término "liberal" se refiere a aquellos que pueden utilizar la Biblia y pueden creer en la iglesia, pero en última instancia utilizan su propia *experiencia* para probar la verdad, ya sea su experiencia mental, o su experiencia moral o su experiencia espiritual.

Ahora bien, es bastante obvio que, si la experiencia decide lo que es verdad, hay ciertas cosas que la iglesia ha enseñado a lo largo de los siglos sobre las que uno estará menos seguro. El cielo es una de ellas. No he tenido experiencia alguna del lugar llamado "cielo". ¿Cómo puedo saber que existe? La Biblia dice que existe, pero ¿cómo puedo saberlo? Está fuera de mi *experiencia*. Más importante aún, el infierno es algo que nadie ha experimentado todavía. No crea nunca a los que dicen que uno se crea su propio infierno en la tierra. No hacemos nada de eso. El infierno es algo que está fuera de mi experiencia, y si juzgo la verdad por la experiencia no estaré muy seguro de él. Los milagros son otro buen ejemplo. La Biblia está llena de milagros, pero hay mucha gente hoy que no ha tenido ninguna experiencia de milagros y, por lo tanto, cuestionan los sucesos sobrenaturales. La ira de Dios es algo que ninguno de nosotros ha experimentado en su plenitud, todavía, ¡ninguno de nosotros! Un día, Dios va a revelar su ira contra el pecado del mundo, pero todavía no lo ha hecho. Desde los días de Noé no lo ha hecho y por lo tanto está fuera de nuestra experiencia. Por lo tanto, uno puede empezar a cuestionar la ira de Dios si la experiencia es la prueba de la verdad.

Le he dado suficiente para indicar el tipo de dirección en que esto se mueve. Cuestionar los milagros, cuestionar el cielo y, sobre todo, el infierno, cuestionar la ira de Dios y, sobre todo, cuestionar el pecado del hombre, ¡porque seguramente mi experiencia es que la gente es muy buena! Oh, tienen sus defectos, pero mi experiencia, seguramente, no es que sean pecadores, destinados al infierno, esas buenas personas que viven a mi lado. Si la experiencia es la prueba, me resultaría muy difícil creerlo.

El teólogo estadounidense H. Richard Niebuhr (hermano de Reinhold) criticó el evangelio social, escribiendo sobre un "Dios sin ira", que "llevó a los hombres sin pecado a un reino sin juicio a través de las ministraciones de un Cristo sin cruz". (Vea *The Kingdom of God in America*, Chicago, 1937). Ese es un muy buen resumen y ese fue el tipo de idea devastadora que llegó a la iglesia. ¿Qué queda entonces del evangelio? ¿Cuáles son las buenas noticias? Si se elimina el infierno, si se elimina el pecado, si se elimina la ira de Dios, ¿cuál es el evangelio? La respuesta es que habría que encontrar otro tipo de evangelio, y lo encontraron. Por un lado, estaban los que encontraron lo que llamaron el evangelio *social*, un nuevo "evangelio" en el que supuestamente la buena noticia era "cristianizar el orden social". Había otros que tenían un evangelio *psicológico*, que decían que Jesús nos salva de nuestras neurosis. Jesús nos salva de nuestro complejo de culpa, más que de nuestros pecados. Jesús nos salva de nuestras frustraciones y represiones, y la conversión es simplemente una integración psicológica.

Así que, ya sea el evangelio social o el psicológico, la creencia era básicamente que el hombre no era tan malo como los predicadores anticuados hacían ver y que el infierno no era el destino del hombre.

En los años sesenta parecía que las dos guerras

mundiales habían hecho mella en ese tipo de liberalismo. La guerra había demostrado a dos jóvenes pensadores suizos, Karl Barth y Emil Brunner, que el hombre no era cada vez mejor, que el pecado era una realidad y que la ira de Dios por esto era real, y que la guerra es un ejemplo del tipo de consecuencias que produce la naturaleza humana caída. Barth y Brunner se convirtieron en nombres famosos de la teología del siglo XX, y encontrará sus libros en las estanterías de todos los ministros. Hicieron retroceder el péndulo y empezaron a predicar de nuevo el pecado, a predicar la expiación por medio de la cruz, a predicar la ira de Dios y la misericordia de Dios, y por un tiempo pareció que el evangelio iba a ser predicado de nuevo como lo habían hecho nuestros antepasados. Pero eso no sucedió. ¿Por qué? Porque, aunque volvieron atrás en muchas cosas, en el pecado, en la expiación, en todo lo demás, hubo una cosa a la que no volvieron y fue lo crucial: no volvieron a creer que la Biblia era la palabra de Dios. Permanecieron con la idea liberal de que la Biblia era un libro de experiencia humana exactamente igual que cualquier otro libro y debe ser tratado de esa manera. Debe ser examinada exactamente de la misma manera que se examinaría el Domesday Book y la Carta Magna.

Esta fue la dificultad: trataron de volver a un evangelio bíblico sin volver a la visión de la Biblia como la palabra de Dios, y el resultado demostró que no se puede retener a la gente sin la Biblia. No se puede predicar lo que está en la Biblia a menos que se crea que es verdad. No se puede convencer a la gente de la verdad de las enseñanzas bíblicas a menos que uno mismo esté convencido de que es un libro verdadero. Así que el péndulo comenzó a oscilar de nuevo hacia la nueva forma de liberalismo que no lleva ese nombre. Comenzó a llamarse "Radicalismo", pero es la misma cosa vieja con un nuevo vestido, promulgada por escritores como Bultmann y Tillich, ambos alemanes, incidentalmente. Una vez más, iniciaron una moda en la filosofía y la teología hasta que, a través de divulgadores de este país, como el obispo de Woolwich y otros en Estados Unidos, se desvió tanto que los teólogos, que formaban hombres para el ministerio, anunciaron: "Dios ha muerto". ¿Qué querían decir con eso? No querían decir que habían dejado de creer en Dios. Querían decir que el Dios del predicador de antaño había muerto. Teníamos un cartel listo para exhibir en Pascua, que decía: "Nuestro Dios no ha muerto. ¡Lo siento por el tuyo!". Los que decían "Dios ha muerto" querían decir que el Dios en el que creía mi abuelo estaba muerto, el Dios que se enoja con los pecadores y los envía al infierno está muerto. Era otra idea del siglo XX.

A un profesor de Historia de la Iglesia en la Universidad de Yale se le pidió en aquella época que comentara el caos de creencias en las iglesias protestantes, y dijo lo siguiente: "Ninguno de nosotros está seguro de lo que cree, pero descreamos juntos". Yo le pregunto, si esa es la única unidad que podríamos tener, no tendría mucho impacto en el mundo exterior. La unidad debe basarse en la verdad. Debemos estar de acuerdo en lo que creemos, y entonces tendremos un impacto.

Dos grupos resistieron el liberalismo con mucha fuerza. Por un lado, los católicos romanos se resistieron porque consideraban que la experiencia no era la prueba, sino la iglesia. En 1950, el papa promulgó la nueva creencia de que la asunción del cuerpo de la Virgen María después de su muerte, la ascensión de su cuerpo al cielo, era ahora parte de la fe cristiana. De este modo, afirmó que, al menos para Roma, la iglesia es el árbitro final de la verdad. El otro grupo que se resistió a este movimiento, y gracias a Dios, la mayoría de los protestantes están en este grupo, aunque no en este país, fueron los evangélicos, que dijeron: "Para nosotros, la Biblia es el árbitro de la verdad sobre Cristo, no la iglesia, no mi experiencia. Ambas deben ser examinadas por la palabra de Dios que creemos que está contenida en las Sagradas Escrituras". Supongo que los evangélicos encontraron al menos un portavoz en el predicador más famoso del siglo XX, un bautista llamado Billy Graham, cuyo eslogan, "¡la Biblia dice.....!", se convirtió en una expresión muy real y popular de la posición evangélica.

El liberalismo fue el primer "ismo". El segundo en convertirse en un factor importante en la década de 1960 fue el ecumenismo. El arzobispo Temple dijo: "Este fue el gran hecho nuevo de nuestra era". He hablado de un "ismo" que es totalmente malo. Ahora hablo de un "ismo" que es muy complejo porque está muy mezclado, y quiero tratar de ser absolutamente justo. En primer lugar, aclaremos la palabra "ecuménico". Es una palabra que muchos utilizan pero que muy pocos entienden. Viene de una palabra griega *oikumene*, que significa "todo el mundo habitado" (derivada de *oikein*, habitar). Esta palabra se ha tomado para significar un movimiento para la unidad de los cristianos en todo el mundo habitado, la esfera ecuménica.

Veamos cómo se desarrolló. Las fechas clave que debemos recordar son 1910, 1948 y 1961. En primer lugar, permítame hablarle del movimiento por la unidad antes de 1910. Todos los libros que he leído sobre el movimiento ecuménico dicen que comenzó en 1910. Eso no es cierto, comenzó años antes. En realidad, comenzó en el siglo XIX. Se podría decir que comenzó cuando William Carey sugirió que los cristianos de todo el mundo se reunieran en el Cabo de Buena Esperanza para tener comunión. Esa fue la primera sugerencia de un encuentro para la unidad, y fue a finales del siglo XVIII que se mencionó. Pero fue en el siglo XIX cuando los cristianos sintieron la necesidad de la unidad. Note que fueron los evangélicos los que sintieron la necesidad de esta unidad y los que primero comenzaron a establecerla.

La Alianza Evangélica se formó en 1845 y comenzó a salvar la brecha entre las denominaciones. Movimientos como el Movimiento Estudiantil Cristiano (SCM) y la Asociación Cristiana de Jóvenes (YMCA), que en sus inicios eran totalmente evangélicos, tenían como objetivo crear la unidad entre cristianos de diferentes denominaciones. En 1875, se iniciaron las reuniones de Keswick bajo el lema "Todos uno en Cristo Jesús", que reunían a cristianos de todas las confesiones. A principios del siglo XX hubo movimientos como The Federal Council of Evangelical Churches in Britain (Consejo Federal de Iglesias Evangélicas de Gran Bretaña). Más tarde se eliminó la palabra "evangélica" y se puso "libre", convirtiéndose en "The Free Church Federal Council" (Consejo Federal de la Iglesia Libre).

Al mismo tiempo, las denominaciones del mundo comenzaron a formar asociaciones denominacionales mundiales, como la Alianza Mundial Bautista y el Consejo Mundial Metodista. Éstas surgieron en los primeros diez años del siglo pasado, de modo que se produjo la unidad evangélica entre denominaciones y la formación de asociaciones denominacionales internacionales. Ese fue el patrón hasta 1910.

En 1910, los misioneros del mundo se reunieron en Edimburgo porque tenían una carga, que puedo explicar de forma sencilla. Un amigo mío fue a la India, conoció a un cristiano indio y le dijo: "Me alegro mucho de conocer a un cristiano indio". El cristiano indio le contestó: "¡Pero yo soy un bautista canadiense!". Esa clase de tontería provocó la "carga". Hemos llevado nuestras ideas, nuestras organizaciones, nuestras etiquetas por todo el mundo, y en lugar de llevar a la gente a Cristo los hemos convertido en esto, aquello o lo otro. En los años sesenta, ese error no se cometía tanto en América Latina, pero sí lo cometían las sociedades misioneras de todo el mundo en el siglo XIX, y nos dimos cuenta de que habíamos encerrado a los cristianos en sus propios compartimentos, separados de los demás con etiquetas diferentes. Así que los misioneros se reunieron en 1910 y dijeron: "Esto es ridículo. ¿Cuál es la respuesta?".

La tragedia es que hay dos respuestas posibles, ¡y no trataron ambas! Una respuesta es eliminar las etiquetas de las denominaciones y, de hecho, eliminar las denominaciones. La otra respuesta es unir las denominaciones en una gran denominación y etiquetarla como tal. Solo consideraron la segunda y de esa Conferencia salieron varias cosas. En lo que respecta a América Latina, estimuló a los evangélicos a unirse como la Unión Evangélica de América del Sur.

Pero de Edimburgo surgieron varios movimientos, uno para examinar las creencias, llamado "Fe y Constitución", y otro para examinar el comportamiento, llamado "Vida y Trabajo". Estos dos movimientos se unieron gradualmente hasta que, en 1938, se formó el Consejo Mundial de Iglesias (CMI). La guerra le impidió actuar como tal y no fue hasta diez años después, en 1948, cuando el CMI pudo reunirse realmente en su propio nombre, en Ámsterdam.

Durante el periodo 1910 - 1948 se produjeron numerosas uniones. En Canadá (1925), los metodistas, congregacionales y presbiterianos se convirtieron en la Iglesia Unida de Canadá. En el sur de la India (1947), metodistas, congregacionales, presbiterianos y anglicanos se convirtieron en la Iglesia del Sur de la India. En 1929, tres grupos diferentes de Escocia se convirtieron en la Iglesia de Escocia. En 1932, tres grupos diferentes de metodistas se convirtieron en la Iglesia Metodista.

En el Consejo Mundial de Iglesias, 147 denominaciones

de 44 países declararon su intención de permanecer juntas. Parece una cifra impresionante, pero la mayoría de los cristianos permanecieron *fuera* del Consejo Mundial de Iglesias. En los años sesenta y en las décadas siguientes, oímos hablar mucho del CMI, y muchos suponían que era la única unión de cristianos. No lo es, sino solo una entre otras. Las iglesias ortodoxas orientales se unieron, pero nunca ha incluido a los católicos romanos, que mantienen una discreta distancia, pero mantienen una relación amistosa con el consejo. Nunca ha incluido a la gran mayoría de los bautistas o de los evangélicos en general, pero sí a las corrientes episcopal (anglicana), metodista, presbiteriana y congregacional.

En 1961, en la reunión del CMI en Nueva Delhi, el énfasis pasó de la Unidad a la Unión. Ahora se pedía a las iglesias, no solo que tuvieran unidad entre ellas, sino que hicieran todo lo posible por unirse. La unidad local se definía en términos de unión organizada.

A mediados de la década de 1960, la Conferencia de Fe y Constitución de Nottingham, en Gran Bretaña se hizo cargo de esta cuestión y, con un llamamiento resonante e imaginativo, pidió a las iglesias de Gran Bretaña que organizaran la unión orgánica de las denominaciones en Inglaterra para el día de Pascua de 1980. Esa fecha captó la imaginación de muchas denominaciones. Los anglicanos y los metodistas estaban inmersos en negociaciones, al igual que los presbiterianos y los congregacionales. ¿Por qué los romanos se mantuvieron al margen? Precisamente porque creen que la *iglesia* es, en última instancia, el árbitro de la verdad. ¿Por qué los evangélicos se mantuvieron al margen? En su mayoría, porque creen que la *Biblia* es el árbitro final de la verdad.

Desde 1910, el movimiento ecuménico ha sido en gran medida un socio del pensamiento liberal. Ha habido muchos cristianos maravillosos en él, hombres del calibre y la talla de John R. Mott, J. H. Oldham, el obispo Bell y muchos otros que he mencionado. Los evangélicos, al quedarse fuera, no están diciendo que los que están dentro no sean cristianos, sino que no creemos que la iglesia de Cristo esté formada por todas las denominaciones, creemos que está formada por todos los que han nacido de nuevo del Espíritu Santo. No creemos que la unidad sea una cosa de organización visible. Creemos que Cristo, la noche antes de morir, oró para que sus discípulos fueran uno, como él y su Padre eran uno, lo cual no era una unidad visible, sino una unidad de corazón, mente y voluntades.

Los evangélicos consideran que hasta que no haya una unidad de corazón, de mente y de voluntad, la unidad organizativa es una parodia de lo real. Por estas y otras muchas razones, la mayoría de los evangélicos del mundo han quedado fuera. Sin embargo, muchos evangélicos desean hablar y tener comunión con aquellos cristianos sinceros que pertenecen al Señor y que están luchando dentro del movimiento para ver que produzca lo verdadero.

La pregunta más grande sobre esto que, a mi parecer, necesita ser contestada, es ¿cuál fue la inspiración primaria de esto? ¿Es satánica, es humana o es divina? Puede parecer una pregunta increíblemente blasfema, pero creo que se puede argumentar muy bien a favor de las tres posibilidades y, debido a que es una mezcla de las tres, uno tiene no una luz roja, ni una luz verde, sino una luz amarilla que dice: "Precaución; ir con cuidado". Como dijo Gamaliel: "Si esto es de Dios, durará. Si no lo es, quedará en nada".

No creo que la iglesia de Jesucristo sea nunca visiblemente una de este lado del cielo. Creo que, si reuniéramos a todos en una organización mañana por la mañana, alguien se separaría de ella el próximo domingo y comenzaría otra comunidad. La verdadera unidad es la unidad del Espíritu

Santo que se encuentra en todos los cristianos de todas las denominaciones que han nacido de nuevo del Espíritu, que conocen y aman al Señor Jesús. Esa es la unidad básica.

La única cosa buena, a mi parecer, que hizo este movimiento fue estimular a los evangélicos a una unidad más estrecha, tanto en la Fraternidad Evangélica Mundial como en grupos locales y nacionales. Se ha producido una unión de los que aman al Señor y su palabra en este país y en el extranjero que va a ser cada vez más poderosa en el futuro.

El tercer "ismo" al que me refiero es el pentecostalismo. Nació a principios del siglo XX. Extrañamente, para obtener un diploma de honor en algunos exámenes, me dieron un volumen de historia de la iglesia, una cosa grande y gruesa, del gran erudito bautista de América, Kenneth Scott Latourette, una historia maravillosa de dos mil años de la iglesia. Estoy en deuda con él. Es un maravilloso compendio de hechos y si quiere leer unas 1.500 páginas, ese es el libro que debe conseguir. Pero busqué en vano alguna mención al grupo protestante de más rápido crecimiento, y ahora el más grande del mundo: los pentecostales. Ni una mención, y llega hasta 1950. Me parece un punto ciego increíble. Sé que es el más joven de todos los grupos, pero en la década de 1960 podría decirse que era el movimiento de más rápido crecimiento, sin ninguna sombra de duda, particularmente en América Latina, pero también en América del Norte, África y partes de Asia.

Este movimiento, como el cristianismo mismo, nació en un establo; en la calle Azusa, en Los Ángeles, en el año 1906. Surgió porque algunas personas oraban con ahínco por un avivamiento del Espíritu de Dios, sintiendo que, al entrar en el siglo XX, a menos que el Espíritu Santo hiciera algo nuevo, las cosas irían terriblemente mal. Allí empezaron a suceder cosas que al principio no entendían pero que más tarde fueron capaces de entender.

Hubo un ministro metodista en Oslo, Noruega, el reverendo T. B. Barratt, que fue a Nueva York preguntando sobre esto. Había sido ayudado por el avivamiento galés de 1904, pero se dio cuenta de que había algo más. Fue a Nueva York. Nunca llegó a Los Ángeles, salvo por correspondencia desde Nueva York, pero regresó a Noruega con una notable experiencia del Espíritu Santo. El reverendo Alexander Boddie, de la iglesia anglicana de All Saints, en Sunderland, oyó hablar de Barratt y le pidió que fuera a All Saints, y en 1907 se produjo un avivamiento en Sunderland. De ese pequeño comienzo en Los Ángeles, en Oslo, en Sunderland, en el condado de Durham, surgió lo que hoy es el mayor grupo protestante, que en los años 60 contaba con unos 30 millones de miembros y muchos más adeptos. De hecho, los bautistas y los pentecostales se han convertido en los dos mayores grupos protestantes.

En América Latina, el crecimiento pentecostal fue absolutamente asombroso. A un ministro metodista que era misionero en América Latina con un grupo de metodistas estadounidenses se le pidió que dejara ese grupo por sus inclinaciones pentecostales. El grupo contaba entonces con 4.000 miembros. Diez años más tarde había visto un avivamiento que contaba con 25.000 miembros y la Misión Metodista que había dejado seguía teniendo sus 4000. (En los cuarenta años transcurridos desde finales de la década de 1960, el crecimiento ha sido aún más espectacular).

Esto hizo que la gente se hiciera preguntas, particularmente en 1960, cuando lo que se llamó (erróneamente) "Nuevo Pentecostalismo" apareció dentro de las denominaciones principales, comenzando con los episcopales de Estados Unidos, pero extendiéndose rápidamente por otras.

Sin darles la historia, permítanme ir directamente a la doctrina. ¿Cuál es el corazón del movimiento que llamamos pentecostalismo y que abarca las seis primeras décadas del siglo XX? Después de muchas lecturas y un poco de experiencia, y de mucho comunión y discusión con pentecostales, llegué a la conclusión de que, independientemente de lo que ellos digan que es el corazón, es *una creencia real en la experiencia sobrenatural*. Esto se expresa en dos enseñanzas fundamentales, y la responsabilidad de todos los que no son pentecostales es examinar las escrituras como lo hicieron los discípulos de Berea y "ver si estas cosas son así".

La primera, es que hay un bautismo en el Espíritu Santo, que es una experiencia consciente que todos los cristianos deben buscar, y que no es ni automática ni inconsciente en el momento de la conversión, una experiencia que puede tener lugar en el momento de la conversión y puede que no; y, si no, habrá que buscarla después. Y, en segundo lugar, que un bautismo en el Espíritu hará posible el ejercicio de habilidades sobrenaturales, llamadas en las escrituras "dones del Espíritu", dones de sanidad, dones de alabar a Dios en lenguas desconocidas, dones de interpretar esas lenguas, dones de obrar milagros, dones de conocimiento extraordinario, dones de sabiduría sobrenatural, dones de fe especial, etc.

Ahora bien, hasta que los pentecostales dijeron esto, se creía ampliamente en las otras iglesias que estas cosas, de las que se lee en la Biblia, cesaron con los apóstoles, y que el poder del Espíritu Santo tal como se manifestó en los Hechos era una especie de etapa impulsora de un cohete: una vez que el cohete estaba en órbita, la etapa impulsora era descartada. Una vez que la iglesia estuviera en marcha, estas cosas ya no eran necesarias. Esa era la opinión general.

Pero a finales de la década de 1960 tuvimos que volver atrás y decir: "¿Hay algo en las escrituras que diga que estas cosas no son para nosotros hoy?". Busqué en las escrituras y no pude encontrar nada que dijera que los dones no son para hoy, lo que significa que, como decían los pentecostales, 1 Corintios 12-14 tenía que ser tomado muy en serio por la iglesia, y que esas cosas todavía eran posibles, por lo que Pentecostés no era solo un aniversario en el calendario de la iglesia, sino una experiencia para cada creyente que busca ese poder.

Todo poder tiene sus peligros, por supuesto, y son bien conocidos los abusos, los excesos, las divisiones, el emocionalismo y el fanatismo que a veces surgían; de hecho, si miramos las cartas de Pablo a los Corintios, veremos que los dones iban acompañados de esos mismos abusos. Pero lo que Pablo *no* dice es "¡Descarten los dones por los abusos!", como tampoco dijo "¡Descarten la cena!" porque se emborrachaban en la Santa Cena. La respuesta a que la gente se emborrache en la Santa Cena no es dejar de comulgar, sino evitar que se emborrachen, y Pablo habría dicho que la respuesta al abuso de los dones espirituales no es detenerlos, sino usarlos correcta y adecuadamente. Y hay una manera correcta de usarlos.

Una de las mayores carencias del movimiento pentecostal ha sido una enseñanza bíblica sólida que mantuviera todo decente y en orden, y que lo mantuviera donde Dios quería que estuviera. Hay cuatro salvaguardas necesarias contra el abuso y el exceso: la *palabra de Dios* nos dice cómo usar los dones para el bien de los demás; la *razón* del hombre, no un énfasis tal en la emoción que la razón se aleja; la *disciplina* de la iglesia; y la *santidad* del creyente. Teniendo en cuenta estas cuatro cosas, me di cuenta de que podían aportar mucho a la iglesia, pero, francamente, cuando esto empezó a suceder, la mayoría de las iglesias más antiguas eran como envases viejos a los que se les echaba vino nuevo.

Permítame resumir esto mencionando algunas cosas que aprendí del movimiento pentecostal y que creo que todas las iglesias deben aprender. Es un movimiento de *personas comunes y corrientes*. No pretendo faltar al respeto en absoluto, pero estoy hablando muy claramente. Abraham Lincoln dijo: "El Señor debe amar a la gente común y corriente. Ha hecho muchos de ellos". Lo que quiero decir es lo siguiente: las iglesias que dependen de los dones naturales se vuelven completamente burguesas y de clase media. Pero el pentecostalismo nos ha mostrado que los dones sobrenaturales no tienen consideración de personas y que cualquiera que ame al Señor y esté lleno del Espíritu puede dirigir la iglesia. Por lo tanto, para ponerlo en términos directos, creo que hay algo en la crítica que se hizo en esta frase bastante cruda: "La burguesía eclesiástica y el proletariado pentecostal". Es el único movimiento del siglo XX que se salió de la camisa de fuerza de la clase media de la iglesia. Me alegro de ello y creo que podemos aprender de él. Cuando Dios da dones espirituales, no se fija en los títulos que siguen al nombre de una persona, no se fija en sus diplomas educativos, no se fija en el tamaño de su casa; distribuye sus dones como él quiere.

La segunda cosa que aprendí es que, si las personas tienen sus lenguas desatadas en la alabanza, *tendrán sus lenguas desatadas para el testimonio*. Una de las razones por las que los cristianos no hablan más de Cristo fuera de la iglesia es que no hablan más a Cristo dentro de la iglesia. Estoy seguro de que la adoración se beneficia cuando el Espíritu impulsa a cualquiera a dirigir la adoración y capacita a cualquiera para hacerlo. Ya he mencionado la adoración congregacional. Esto es lo más grande que he aprendido: *fe para esperar ver a Dios obrar*. La respuesta definitiva al movimiento "Dios está muerto" es ver la obra del Espíritu Santo. Esa es una respuesta incontestable. Un movimiento del Espíritu Santo responde al movimiento "Dios está muerto" y declara que este Dios, este Dios "anticuado" en el que creemos, sigue vivo y sigue siendo capaz de salvar y cambiar vidas y sigue siendo capaz de hacer milagros.

Es creer en un Dios *vivo*, un Dios *milagroso* y *sobrenatural*. Esto es lo que aprendí.

Hemos visto que el siglo XX fue muy difícil para la iglesia, pero no imposible. Con Dios todo es posible. Algunas puertas se cerraron, pero otras se estaban abriendo de par en par. América Latina se abrió, como hemos señalado. Más tarde, otras regiones antes "cerradas" se abrieron también.

Puede que no se viera en Gran Bretaña, pero en todo el mundo la iglesia estaba creciendo, incluso a finales de los años 60. En el lado alentador, la Biblia seguía siendo el libro más vendido. Los traductores de la Biblia de Wycliffe, que comenzaron en 1933, abordaron cientos de idiomas. Hay más de 3.600 idiomas en el mundo y en 1933 ya se habían traducido unas 1.600. Los traductores de la Biblia de Wycliffe, bajo el título de "faltan 2.000 idiomas", dijeron: "Vamos a abordar el resto y asegurarnos de que todo el mundo pueda leer la palabra de Dios en su propio idioma".

En la década de 1960, noté que la radio y la televisión en el Reino Unido no estaban tan disponibles para los cristianos como en otros países, pero eso ha cambiado drásticamente desde entonces con la llegada de la radiodifusión comercial por satélite y por cable e Internet.

Sobre todo, ha crecido el celo misionero a lo largo del siglo XX, que continúa en el siglo XXI. Hemos llegado a pensar que Estados Unidos está a la cabeza de esto ahora, y en cierto sentido es cierto. Gran Bretaña ya no es el líder mundial en el envío de misioneros y dinero, sino que lo es Estados Unidos. Pero uno de los hechos más apasionantes del siglo XX fue que las iglesias más jóvenes de África,

Asia y América Latina se convirtieron en iglesias con mentalidad misionera, enviando sus propios misioneros. Cambió todo el esquema de China Inland Mission, que trasladó su sede de Gran Bretaña a Singapur para poder enviar a nacionales de sus iglesias a otras naciones. Ya no era solo de Oeste a Este y de Norte a Sur. Llegó el momento en que los creyentes empezaron a venir de estos lugares a nuestro país para hablar a los paganos de Gran Bretaña que nunca han oído hablar del Señor Jesucristo.

12

LA IGLESIA EN EL FUTURO

A finales de los años 60, conocí a muchos cristianos pesimistas que pensaban que la iglesia estaba a punto de desaparecer y que el cristianismo se extinguiría. Pero, como sabemos, eso no ha ocurrido. Uno de los hechos más alentadores para mí es el continuo crecimiento de la difusión mundial de las escrituras en muchos idiomas, y el hambre de la palabra de Dios en la Biblia. La gente sigue queriendo buenas noticias porque hay muchas malas noticias y este libro contiene las buenas noticias.

Cuando la iglesia primitiva se encontró con sus primeras dificultades y algunos de los cristianos fueron encarcelados, uno de los sabios que estaba en el banquillo de la sala que escuchaba su caso dijo lo siguiente: "En el presente caso, les digo que se aparten de estos hombres y los dejen tranquilos, porque si este plan o esta empresa es de los hombres, fracasará, pero si es de Dios no podrán derrotarlos. Incluso podrían encontrarse oponiéndose a Dios".

Esas fueron las palabras de Gamaliel, y vale la pena recordarlas mientras miramos hacia adelante. Supongo que en el año 1900 la gente pensaba que un día la iglesia haría una entrada triunfal, que un día la iglesia cubriría todo el mundo y todos se convertirían en cristianos y el mundo entero sería un mundo cristiano. Esa era la creencia cristiana, en gran medida, alrededor de 1900. Entró acompañada por la ola de optimismo de la expansión del Imperio Británico y todo lo demás. Si usted lee el himno misionero típico que viene de esa época, encontrará claramente esa visión muy optimista. Pero quiero decir rotundamente que no creo que eso llegue nunca. Mi esperanza no se centra en que la iglesia convierta a todos los habitantes del mundo. De hecho, estamos librando una batalla perdida con la explosión demográfica actual, y no hay muchos cristianos que piensen así hoy en día.

Ahora bien, si en 1900 se dijo que la iglesia haría una entrada triunfal, en 1950 mucha gente decía que la iglesia saldría derrotada, y adoptaba el punto de vista opuesto, pesimista, que cree que la iglesia es una causa moribunda y está acabada. Estoy de acuerdo en que, si entramos en muchas iglesias, podemos sentir eso, pero sería una conclusión errónea.

Pasamos ahora a las últimas décadas, luego al futuro que no puedo fechar, pero en el que se producirán ciertos acontecimientos dentro del tiempo, y luego al futuro final de la iglesia en la eternidad, más allá del fechado de la historia.

Podría dedicar mucho tiempo a especular sobre las creencias o el comportamiento de la iglesia. Estas son algunas de mis especulaciones. Creo que la iglesia nunca estará visiblemente unida en una organización, en la historia. No lo espero. No creo que pueda suceder.

En segundo lugar, creo que la iglesia se volverá menos institucional y menos clerical. Creo que el cristianismo del futuro será el cristianismo informal que puede no tener edificios y puede no tener al frente clérigos con sus cuellos, pero puede surgir en todas partes espontáneamente dentro de los hogares, dentro de los lugares de trabajo, en todo tipo de otras formas.

Creo que el liderazgo de la iglesia va a pasar del hemisferio norte al hemisferio sur, y que las iglesias que han sido tradicionalmente las "enviadoras" del evangelio y las "dadoras" del cristianismo tendrán que convertirse en las "receptoras", y esto las humillará mucho.

En cuanto a las creencias, consideramos la triple división que he hecho entre católicos, liberales y evangélicos (o cualquier otra etiqueta que se utilice; por ejemplo: a los evangélicos se les llama a veces fundamentalistas y a los liberales se les llama a veces neo-ortodoxos, pero sean cuales sean las etiquetas, hay tres grupos). A finales de la década de 1960, predije que todos los del grupo intermedio, o las principales denominaciones afectadas, es decir, anglicanos, presbiterianos, metodistas y congregacionales, probablemente se acercarían mucho más. De hecho, era probable que se unieran en muchos países, como lo hicieron en Canadá y en el sur de la India y estaban tratando de hacerlo en Pakistán y en Inglaterra. Porque los anglicanos y los metodistas estaban teniendo conversaciones, al igual que los congregacionales y los presbiterianos. Desde entonces se han convertido en la Iglesia Reformada Unida.

También me arriesgué a especular que eso no supondría una gran diferencia en su impacto en el mundo. En última instancia, es la verdad la que causa el impacto, no la unidad. La gente no se aleja de las iglesias porque no estén unidas, sino porque está desconcertada, al no recibir una voz clara ("Esto es lo que creemos").

Ahora bien, de los que dan una voz clara, el campo quedará para católicos y evangélicos: los que dicen: "Esto es lo que dice la iglesia" y los que dicen: "Esto es lo que dice la Biblia".

Creo que los católicos, si siguen adaptándose en sus métodos (como lo están haciendo), es probable que ganen terreno. Lo están perdiendo en el sur de Europa, pero pueden ganar terreno en el norte de Europa y en otras partes del mundo.

Los evangélicos se unirán más y se dividirán más, por

diversas razones. Creo que esta tendencia se acentuará en las próximas décadas.

Ahora bien, todo esto es una especulación y parte de una gran suposición: que las tendencias actuales van a continuar en la misma dirección. Pero el único hecho que he omitido es el de la posibilidad de que Dios el Espíritu Santo irrumpa en la situación. Eso podría cambiar completamente todo lo que he dicho, porque no pongo límites a lo que el Espíritu Santo puede hacer en cualquier iglesia, en cualquier denominación, en cualquier país y en cualquier persona. Las tendencias actuales pueden ser completamente revertidas. Ha ocurrido en Inglaterra cada tanto, cuando el Espíritu Santo ha derramado avivamiento en nuestro país y la historia ha sido cambiada. Oremos a Dios para que podamos vivir para ver de nuevo un avivamiento como el que ha visto este país. Pero acuérdese lo que le digo, no vendrá como vino antes. Ningún avivamiento se repite, y hay que estar atentos para ver dónde está trabajando Dios, a veces en los lugares más inesperados y a través de las personas más inesperadas.

Habiendo dicho todo esto, que es una especulación y no ha tenido en cuenta lo que el Espíritu Santo podría hacer, puedo decirles algunas cosas de las que estoy seguro, porque Dios lo ha dicho en las escrituras.

En primer lugar, el evangelio irá a todos los países del mundo. Hay cristianos en todos los continentes, pero todavía hay algunas áreas en el mundo donde el evangelio no ha sido escuchado hasta hace poco. Creo que Dios ha querido que el evangelio vaya a todas las naciones, a todas las tribus, a todos los pueblos, a todas las lenguas. Si Dios ha querido eso, se hará, y la iglesia lo está haciendo en su voluntad. Eso no quiere decir que todo el mundo se convertirá, sino que todo el mundo oirá. Con los métodos modernos de comunicación de masas, creo que está a nuestro alcance.

En segundo lugar, también nos ha dicho muy claramente que habrá una gran deserción y que el amor de muchos cristianos se enfriará. En otras palabras, un mundo lleno de cristianos apartados. Me parece un pensamiento inquietante y terrible, pero está ahí y no puedo evitarlo en la Biblia. Gran Bretaña está llena de cristianos apartados. Si salimos y detenemos al primer hombre en la calle y le decimos: "¿Fue a la escuela dominical? ¿Oyó hablar de Jesús cuando era niño?", nos sorprenderemos de cuántas personas hay cuyo amor se ha enfriado y de cuántas empezaron bien de jóvenes.

¿Por qué? Por muchas razones: falsas enseñanzas que llegan, ideas pervertidas del cristianismo, predicadores ostentosos que predican fantasías y fábulas simplemente porque la gente quiere escuchar algo nuevo en lugar de algo viejo.

Pero la mayor razón será mi tercera predicción de la Escritura: la persecución de los cristianos aumentará y aumentará. Será cada vez más difícil defender a Jesucristo. La iglesia de Jesucristo tendrá que prepararse ahora para los días difíciles que se avecinan. Será cada vez más difícil vivir la vida cristiana a medida que la historia se acerca a su desenlace final y catastrófico.

Hasta aquí el futuro inmediato. Permítanme pasar ahora al futuro *intermedio* de la iglesia. ¿Cuál es el próximo gran acontecimiento mundial? Se menciona trescientas veces en el Nuevo Testamento. No la cruz, que ya ha pasado, aunque se menciona trescientas veces, sino el regreso de nuestro Señor Jesucristo a este mundo en forma física y visible, en un cuerpo que tiene huellas de clavos en las manos y pies. Cuando esto ocurra, la condición de la iglesia cambiará radicalmente.

Todos los cristianos que aman la palabra de Dios creen que Jesucristo vendrá de nuevo y creen lo mismo sobre el día en que vendrá, pero están divididos (o, al menos, difieren) sobre lo que va a suceder antes de que venga y lo que va a suceder después. Es sobre estas dos cosas que quiero escribir brevemente. Todo lo que puedo hacer es compartir con ustedes puramente sobre la base de mi propio entendimiento. Después de mis años de estudio del Nuevo Testamento, solo puedo decirles lo que encuentro en él y dejar que lo estudien por sí mismos y vean lo que pueden encontrar en esas páginas.

Los tres acontecimientos que nos ocupan reciben nombres técnicos por parte de muchos cristianos: la tribulación, el rapto y el milenio. Estamos de acuerdo sobre el del medio. Hay alguna diferencia de entendimiento sobre la tribulación. Hay alguna diferencia de entendimiento sobre el milenio. Pero permítanme decirles lo que significan estas tres palabras y enfatizar la del medio y subrayarla. Fijen su esperanza allí.

En primer lugar, la *tribulación* es un término que usamos, a veces, "la gran tribulación", que es una frase bíblica, para los últimos años de la historia cuando habrá una aflicción terrible. La palabra "tribulación" significa "aflicción", del latín *tribulum* que se usaba para un trillo, con púas por debajo que pasaban por encima del maíz para separarlo de la paja. La tribulación es cuando siente que todo pasa por encima de usted y lo destroza. La gran tribulación son unos años al final de la historia, cuando la historia toma un giro negativo. Serán años de tiranía en los que habrá un dictador mundial y una religión mundial. Un estado totalitario que, a cambio de la paz y la seguridad, hace una demanda total sobre la raza humana, no solo física sino mental y espiritual, y lo hace estableciendo el culto al dictador.

Hemos visto los horrores de los estados totalitarios. Algunos hemos vivido durante esos horrores. Todo estado totalitario, tarde o temprano, sume a su pueblo en la guerra y el sufrimiento. Eso, multiplicado a escala mundial, es lo que significa la gran tribulación en las escrituras. Un clímax de gobierno totalitario al final de la historia que sumirá a la gente finalmente en una gran guerra.

Los cristianos difieren sobre lo que le sucederá a la iglesia durante la gran tribulación al final de la historia. Muchos cristianos sinceros por los que siento un profundo respeto, pero con los que debo diferir por amor, creen que la iglesia será sacada del mundo antes de esa tribulación. Es una idea que no apareció hasta el siglo XIX, en dos personas: Edward Irving, un presbiteriano, y J. N. Darby un cura anglicano. De J. N. Darby pasó a todos los grupos conocidos como los Hermanos, y a través de lo que se llama la Biblia de Scofield la idea ha pasado a muchos otros cristianos. Solo puedo decir que no he podido encontrar esto en las escrituras. Puedo encontrarlo en la Biblia de Scofield; puedo encontrarlo en los libros de muchas personas, pero todavía no he conocido a una persona que lo haya encontrado leyendo solo la Biblia.

Otros creen que la iglesia será sacada de la tribulación en la mitad y otros, y aquí me coloco, creen que la iglesia pasará por esa tribulación, que Jesús vendrá al final de ella y los sacará. Esta es mi comprensión de las escrituras. La única manera de salir de ese problema, como yo lo veo, será por el martirio.

Ahora, ¿por qué será un tiempo de tanta aflicción para el pueblo de Dios? La respuesta es muy simple. Hay dos grupos de personas que nunca encajan en un estado totalitario: los judíos y los cristianos. Son los dos únicos grupos de personas en los estados totalitarios del pasado que han dicho: "No podemos adorar al hombre", incluso a cambio de paz y seguridad. Es el pueblo de Dios el que sufrirá más, y creo personalmente que la iglesia debe estar preparada para eso y debe estar lista para pasar por esa aflicción como ha pasado por otras aflicciones y esperar la aparición de Jesucristo que vendrá a rescatar a su iglesia y llevarlos a estar con él.

Si usted no sostiene el punto de vista al que yo he llegado, entonces que Dios lo bendiga y acordemos diferir en amor. Le ruego que no lea ninguna Biblia con notas, sino que vaya a la palabra de Dios con una mente abierta y diga: "¿Qué dicen las escrituras?".

En la segunda cosa del futuro intermedio puedo ser más dogmático: el rapto. ¿Qué sucederá cuando Jesús regrese? Les digo esto, si nunca han volado antes, volará entonces. Es el versículo más ruidoso de la Biblia. La trompeta sonará, el arcángel gritará y con un grito el Señor descenderá del cielo. Será un grito lo suficientemente fuerte como para despertar a los muertos. Las primeras personas que se reunirán con él en ese día serán los que hayan muerto, y el segundo grupo de personas que se reunirán con él en ese día serán los que todavía estén vivos. Significa que una generación de cristianos no morirá nunca. No habrá funerales para un grupo de cristianos. Es algo apasionante y emocionante para mí. Pero también es un pensamiento aleccionador.

Recuerdo el mitin final de una cruzada de Billy Graham en Wembley. Mirando alrededor de lo que puede haber sido más de cien mil cristianos y otros cantando las alabanzas de Dios en las gradas, recuerdo que pensé: esta es una gran reunión, pero ¿qué clase de reunión será allá arriba en las nubes con Jesús? ¡Todos los cristianos que han existido alguna vez! No habrá un estadio lo suficientemente grande en la tierra, así que Jesús ha dispuesto reunirse con nosotros en el aire. Es lo suficientemente grande, y puede imaginar la multitud que habrá de todas las naciones, de los muertos, gente de años pasados en una reunión. La mayor reunión cristiana jamás celebrada. Además, será la más larga, y estarán para siempre con el Señor. Pero la Biblia nos recuerda esto, que los que se encuentren con Cristo en el aire —¡y qué experiencia tan estimulante será, incluso físicamente!— los que son llevados a su encuentro dejarán a otros atrás. En una de las cosas más aleccionadoras que pronunció jamás, Jesús dijo: *"Habrá dos mujeres en una cocina y una se irá y la otra quedará. Habrá dos personas en la misma cama y el marido o la mujer se quedarán solos en una cama doble"*. Será un día extraordinario cuando Jesús llame a la iglesia a casa. ¿Puedo preguntarle solemnemente si está seguro de que se reunirá en esa gran concentración cristiana al final de la historia? Debe estar seguro. Incluso si su cónyuge está seguro, no significa que usted estará allí. Usted puede arrastrar a su esposo o esposa no creyente a un culto de la iglesia, pero no podrá arrastrarlos a esa reunión. *"Uno será tomado"*, dijo Jesús, *"y el otro será dejado"*. Qué vista y qué sonido será cuando nos encontremos con el Señor Jesús. Por eso mi abuelo tiene en su lápida: "¡Qué encuentro!", un comentario que desconcierta a los que disfrutan mirando las lápidas.

La tercera cosa que mencioné sobre el futuro intermedio fue el milenio, una palabra latina que significa mil años. (Una palabra que ha sido usada es "quilianismo", del griego *chilian*.) El Nuevo Testamento habla de mil años al final de la historia, después de que Cristo vuelva, en los que reinará en este mundo. Los cristianos difieren en su comprensión de esto. Algunos creen que se trata de una figura puramente simbólica y que no significa un período de tiempo. Otros creen que la iglesia va a comenzar esos mil años y Cristo vendrá al final del mismo, y otros, entre los que me incluyo, creen que significa lo que dice y que habrá mil años en los que Cristo mostrará lo que puede hacer cuando esté a cargo de este mundo. Este es un mundo que estaba destinado a ser el mundo de Dios. El diablo se apoderó de él y lo dirige en este momento. *"Sabemos que somos hijos de Dios, y que el mundo entero está bajo el control del maligno"*. Jesús llamó al diablo "el dios de este mundo". Él lo está dirigiendo. Si quiere saber por qué hay guerras, es porque Satanás está dirigiendo el mundo. Si resolvemos un conflicto mañana, habrá otra guerra en otro lugar a la semana siguiente, porque él lo dirige. ¿Por qué no podemos, con todos nuestros recursos, con todo nuestro conocimiento, con toda nuestra ciencia y educación, crear un mundo en el que seamos felices para que nuestros hijos crezcan? Porque Satanás lo dirige; esa es la razón.

Pero qué mundo tan maravilloso podría ser si lo dirigiera Jesús. Tendríamos paz, porque tendríamos justicia. Tendríamos las cosas que debemos tener. Tendríamos un mundo en el que incluso los animales no se alimentarían los unos de los otros. Creo que Jesús mostrará lo que puede hacer al final de la historia cuando se haga cargo del gobierno. Creo que el gobierno estará sobre su hombro un día, y por eso lo espero en el futuro intermedio. Pero no voy a decir nada más al respecto, salvo afirmar que cuando digo *"venga tu reino a la tierra como al cielo"* me refiero precisamente a esto, porque esa frase, *"en la tierra como en el cielo"*, se aplica a las tres frases anteriores. *"Santificado sea tu nombre, así en la tierra como en el cielo. Venga a nosotros tu reino, así en la tierra como en el cielo. Hágase tu voluntad, así en la tierra como en el cielo"*. Califica a los tres, y creo que habrá un reino de Cristo, que los reinos de este mundo deben convertirse en los reinos de Cristo y entonces él podrá devolverlos al Padre, y Dios será todo en todos.

Esto me lleva al futuro último que está más allá, la tercera gran etapa en el futuro de la iglesia. Sorprendentemente se habla poco del futuro final de la iglesia, porque es inimaginable.

Lo único que tengo que decir aquí es esto: *"Ningún ojo ha visto, ningún oído ha escuchado, ninguna mente humana ha concebido lo que Dios ha preparado para quienes lo aman"*.

Así que no puedo decirle mucho sobre el futuro último. Puedo decirle que es tan diferente como estar comprometido en comparación con estar casado. Es maravilloso estar comprometido, estar enamorado, pero estar casado es la cosa real. Pablo dijo: *"los he desposado, los he comprometido con Cristo"*. Un día va a haber un matrimonio y la relación con Cristo en el cielo será tan diferente de mi relación con Cristo ahora como mi relación con mi esposa en comparación con cuando estábamos comprometidos. Es algo que esperar ansiosamente.

Usted estará adorando en el cielo. Me pone mal cuando la gente se queja de la duración de un culto. Cuando pienso en los bautistas en el antigua Unión Soviética que se reunían en Moscú durante tres horas, y en las iglesias de Alemania después de la guerra, sin techo, sin calefacción y con diez grados de helada, que se reunían durante cuatro y cinco horas, cuando pienso en la gente de América Latina que no quiere volver a casa después del culto y solo quiere seguir y seguir, ¿por qué en Gran Bretaña decimos: "Ya ha pasado una hora"?

Déjeme decirle primero que Dios le pidió que le diera un día en siete, no un par de horas. Un día, cuando llegue al cielo, va a estar adorándolo todo el tiempo. Cuando amamos al Señor, adorarlo siempre es el cielo. Realmente es así, y cada vez que tenemos un anticipo del cielo abajo podríamos seguir adorando, ¿no es así?

Estará adorándolo y sirviéndolo, día y noche. ¡Turnos de 24 horas! Nunca se queje de que está haciendo demasiado por el Señor, de que él lo está cargando demasiado. Va a estar sirviéndole día y noche allá arriba. Qué maravillosa preparación, estar haciendo todo lo que pueda para el Señor aquí, sirviéndole día y noche.

No sé qué servicio habrá que prestar. No me han dado los detalles. Sólo sé que no estaré sentado todo el día en un sillón bordado con las letras "RIP". Estaré haciendo algo. Estaré sirviendo a Dios, ocupado haciendo la obra del Señor día y noche en su santo templo. Será un lugar muy activo. De hecho, tan maravilloso que no puedo describirlo y tampoco podría hacerlo usted, aunque hubiera estado allí.

Pablo habla de ser "...arrebatado al séptimo cielo". ¡Un futuro inimaginable para la iglesia! La iglesia no mira al futuro inmediato o incluso al intermedio. Mira más allá y dice que hay un futuro final en el que habrá un nuevo mundo —un nuevo cielo y una nueva tierra— y todos en él estarán en la iglesia de Cristo. Por primera vez, lo que siempre he creído pero nunca he visto, habrá una iglesia santa, católica (que significa universal) y apostólica, porque los apóstoles estarán allí en el centro de la misma. ¡La gloria de todo ello!

Creo que la única sociedad humana en la tierra que tiene futuro es la iglesia, principalmente porque es la única sociedad en la tierra que nunca pierde un solo miembro por la muerte y la única sociedad en la tierra que es más grande cada minuto de cada hora de cada día de cada semana de cada mes de cada año de cada década de cada siglo de cada milenio, y ha estado creciendo desde que Cristo dijo: *"Pedro, edificaré mi iglesia"*.

He tratado de trazar la construcción de esa iglesia. Cuántas veces, cuando parecía que la iglesia se iba a extinguir, el Espíritu Santo ha llevado la palabra de Dios y el evangelio a la gente, y ha vuelto a resurgir y a crecer.

Hay tres virtudes cristianas: la fe, que se basa en el pasado y en lo que Dios ya ha hecho; la esperanza, que se basa en el futuro y en lo que Dios va a hacer; y el amor, que se basa en el presente. Una vida cristiana es desequilibrada si es fuerte en la fe e incluso en el amor, pero carece de esperanza. A través de este libro, he tratado de estimular su esperanza. Para el cristiano, la palabra "esperanza" no significa, como para muchas otras personas, una "quimera". Significa certeza absoluta del futuro.

Termino con unas palabras del obispo Ryle, ese gran obispo anglicano de Liverpool de antaño. Tiene un pequeño panfleto llamado *La iglesia verdadera* y termina: *Los hombres imaginan que si se unen a esta o aquella iglesia y se convierten en comulgantes o pasan por ciertas formas, todo debe estar bien con sus almas. Es un engaño total. Es un grave error. Tome nota: usted puede ser un acérrimo anglicano o presbiteriano o congregacional o bautista o metodista o hermano de Plymouth y, sin embargo, no pertenecer a la verdadera iglesia. Si no es así, sería mejor, en última instancia, que nunca hubiera nacido.*

www.ingramcontent.com/pod-product-compliance
Lightning Source LLC
Chambersburg PA
CBHW070351120526
44590CB00014B/1097